刹那芳华,念念不忘

林徽因传

朱云乔 著

天地出版社 | TIANDI PRESS

刹那芳华,念念不忘

序
PREFACE

　　历史承载了时间的记忆,记录着那些不曾随尘土而消逝的灵魂,反复咏叹着他们的爱与离别。

　　沙拉斯特说:"每个人都是自己命运的建筑师。"在穿越百年的光阴里,有那么一位阳光下的少女,她笑容如水,眼神铿锵,有着树的风骨、花的姿态,认真雕刻着自己如诗的命运。

　　她就是林徽因,是风华绝代的民国名媛,是激荡时代的建筑大师,是清雅灵动的才女佳人。

　　她生于书香之家,在少女时代就是同龄人艳羡的对象。她身上集结着美丽、优雅、聪慧,却无半点刁蛮、骄纵。除了不俗的容颜,她还以满腹诗书颠覆了世人对传统女性的狭隘定义。张幼仪都说,林徽因是一个"双脚自由"的女人。

　　漫长的一生中,她从来不缺追求者,却从未在偏爱的裹挟下丧失判断与理智。她没有选择狂热的诗句,而是伸出一双温柔的手,走向平淡的似水流年。

　　人们爱她,从来不是因为她是客厅里高谈阔论的华衣太太,而是因为她在保持诗意的同时，也会为了挽救濒于停业的景泰蓝传统工艺殚精竭虑，会抱病主持人民英雄纪念碑的设计工作，会为了挽救四朝古都仅存的完整牌楼街奔走呼号……

人生不是童话，她也曾在时代巨变中与苦难并肩而行。她也有自己的挣扎与困境，并非不食人间烟火，却仿佛在人生的每一步都走得游刃有余。

其实，她同样见过那些诋毁与质疑、孤独与羁旅、拮据与病榻，甚至迟暮与死亡。

她知道，活着，总要吞咽千种滋味，但她依旧努力保持着自己的节奏，在自律与克制中，为人生谱写了别样质感和精致的篇章。

1955年4月1日，她成为永恒的"人间四月天"，长眠在爱人为她设计的墓穴里。

她，一生都在做自己。

目录
CONTENTS

| 第一章 |

传承 · 谁爱这不息的变幻

1. 好梦伊始 / 002
2. 女儿是前世的情人 / 011
3. 世界的每一个角落 / 019
4. 来自东方的莲花 / 027

| 第二章 |

芳华 · 一场宿命的相逢

1. 诗人的眼睛 / 034
2. 山高路远,为你而来 / 038
3. 只是偶然 / 045
4. 再见,不眠夜 / 049

| 第三章 |

灵犀 · 温柔自有万钧之力

  1. 最好的答案 / 056

  2. 陪伴，是最深情的告白 / 063

  3. 点滴皆欢愉 / 068

  4. 你和阳光都在 / 072

| 第四章 |

展翅 · 一身诗意千寻瀑

  1. 俗世中的璀璨星河 / 084

  2. 一夜长大 / 091

  3. 正式开启人生新阶段 / 100

  4. 以婚礼之名 / 103

| 第五章 |

跌宕·每个人都是命运的建筑师

1. 踏遍千山万水 / *110*

2. 归途 / *121*

3. 第二故乡 / *127*

4. 逃不开的悲欢 / *134*

| 第六章 |

得失·停留是刹那，转身是天涯

1. 冷暖交织的光阴 / *142*

2. 伤逝 / *147*

3. 眉梢上的诗意 / *155*

4. 人间四月天 / *161*

| 第七章 |

颠沛·热血为祖国涌动

  1. 文字的火焰 / 170

  2. 寻访历史的脚步 / 177

  3. 铁与血的侵袭 / 183

  4. 感受清贫,坚守信念 / 190

| 第八章 |

芬芳·倾其所有去生活

  1. 战争的代价 / 198

  2. 是爱,是暖 / 204

  3. 归去来兮 / 210

  4. 此生已远 / 217

后记 / 227

第一章
传承·谁爱这不息的变幻

❶ 好梦伊始

　　论山水佳境,世人独爱江南。它蕴藏着东方最精致的文雅,承载着最古典的诗情,令人心驰神往。

　　时间有痕。在青石与垂柳的记忆中,总有一些古老的建筑,踏着岁月的回响,饱经沧桑。

　　历史深处,一处雅致的府邸坐落于烟雨朦胧的杭州。它是林府的宅子,始建于林孝恂荣归故里的时候。林孝恂是光绪十五年的进士,做过浙江金华、孝丰、仁和等地的长官,最后定居杭州,做了代理杭州知府,创办新学,开启民智,也与儿女共享天伦之乐。

　　林家是望族,祖籍福建闽县,家族命运曾随着时局变化起起落落。林家也有过捉襟见肘的窘境,林孝恂年轻时就做过富裕人家的教书先生,没有过上养尊处优的公子生活。直到林孝恂以进士之身位列翰林,才再度光耀门楣。

林孝恂虽在宦海栖身，但身上始终有种书生意气。他在任杭州知府期间，曾经写下对联"书幌露寒青简湿，墨花润香紫毫圆"。笔走龙蛇间，刚柔兼济、劲骨丰肌，以非凡的气度和风骨，应了那一句"字如其人"。

他一心挣脱绝境，积极求变。"永远清醒、永不绝望"，这不仅是林孝恂的信条，也是他赋予林家人代代传承的精神内核。林家后代在这样的家族精神影响下，都拥有一种坚韧的性格，不纠结于世事无常，即使身处逆境，也能活得洒脱清醒。比如写完《与妻书》凛然殉道的林觉民，与林觉民同为黄花岗七十二烈士之一的林尹民，前仆后继组织起义光复福建的林肇民……无一不是顶天立地的刚勇之士。

林孝恂是一个实干家。辛亥革命后，很多晚清官员都选择了远离朝野，不再发声。林孝恂却始终没有停下脚步，他设立林家私塾，开办蚕桑职业学堂，入股商务印书馆……一个人能够如此敢想敢做，证明他不仅对时局早有高屋建瓴的判断，更有着常人无法企及的魄力与勇气。

如今，这座红墙碧瓦的深宅大院虽早已经被拆掉，但是林家的故事中，仍不会缺少那斑驳的墙壁、精致的雕花与闪着光的琉璃瓦。

这处院落传到了林家长子林长民的手中。

林长民自幼天资过人，年纪轻轻就考取了进士，但是身处近代中国剧变的历史朝代,他渴望破除陈旧的制度,毅然决定放弃科举之路,成为中国社会变革的勇士。在苦学日文和英文之后,他远渡重洋,在日本早稻田大学完成了学业。回国后,他成为呼吁推翻清政府的一分子,致力于传播新思想。

不过,这位怀揣着新思想的斗士,没能逃过旧式婚姻的束缚。林长民的第一任妻子,正是被父母指腹为婚的名门之女。两人在婚后没有共同语言,虽然相敬如宾,但少了些恩爱温存。由于婚后一直没有子嗣,父亲林孝恂为儿子选了一位侧室,就是林徽因的母亲何雪媛。

何雪媛是浙江嘉兴的一个小镇姑娘,父亲经营着一个小作坊,家境尚可,但是她的眼界和文化素养无法与林长民相提并论。作为家里的小女儿,何雪媛难免被娇惯,琴棋书画皆不精通,脾气又有些暴躁,不太善于与人交流,也不懂得察言观色。

嫁入林家后,何雪媛先后诞下了一男两女,但只有女儿林徽因活了下来。

对于一个女人来说,接连失去两个孩子无疑是一种沉重的打击。何雪媛整日愁眉不展,让人更加难以亲近,因此夫妻关系越来越不好。

这个可悲的女人,既留不住丈夫的心,又没有子嗣可以巩固地位,甚至无法与林家上下和气相处。在林长民的原配妻子去世后,她依然没有立足之地,被安排在院落的一个偏僻处,成为林宅的边缘人，在不甘与哀怨中度过平庸的一生。

后来，林长民迎娶程桂林进门。这个上海姑娘虽然读书不多，但是非常善解人意，进门后接连生了几个儿子，很快成为林宅真正意义上的女主人。林长民对这位妻子十分满意，他将自己的书房命名为"桂林一支室"，其中情感可见一斑。

如果没有林徽因，何雪媛的名字就会如尘土一般，被历史之手轻轻拂去。幸好，她诞下了一个如诗如画的生命。

她永远记得那个温暖的六月，正是莲花开放的季节，天空泛着微红的霞光，有一种暧昧温柔的美。她感觉到自己承载着关注的目光，牵动着这个宅子里每个人的心。林长民紧张地在院中踱着步子。往后很多年，当她像个影子一样活在宅子里的时候，总会想起那日的每一个细节——林长民甚至垂泪低眉，等待着一个新生命来叩响他的世界。

一声真实而饱满的啼哭声，打破了林宅的宁静。在他的期盼中，奶娘抱着罗缎襁褓走了出来。林长民迅速大步向前，将小小的婴孩接了过来。

奶娘告知了大家婴孩的性别，在场有几个老辈人的脸上闪过了微妙的变化。但林长民没有丝毫不快，他被这个柔弱的小生命吸引着，她灵动的眼睛、长长的睫毛、小巧的鼻子、肉肉的手脚，都让这个新手父亲按捺不住心中翻涌的暖意。

那一刻，接受了新思想的林长民已经暗下决心，要倾尽一生,给予这个女儿最好的一切,绝对不会让她如花的生命凋零在"重男轻女"那一套旧观念里。而且,做了祖父的林孝恂也欣喜非常,他开始思考,要给这个瓷娃娃起一个美丽的名字。

林孝恂想起了《诗经·大雅·思齐》中的一句话——"大姒嗣徽音,则百斯男"。"徽音"二字,代表着美誉,也别有一番风雅之味,于是他将其作为名字送给心爱的孙女。直到多年之后,因为与一个小有名气的男性作家有重名之嫌,林徽因才正式将"音"更为"因"。

林徽因在林家的呵护下长大,母亲何雪媛没读过什么书,也不擅长女红,所以她的启蒙教育大多来自父亲。林长民从未因她是女子而有所忽视,他陪伴着这个女儿饱读诗书,直到官阶越来越大,家中闲适的时光越来越少,才将陪伴女儿的任务交给了林徽因的姑姑林泽民。

林泽民是家里的长女,与寻常女子大不相同。她虽然谈不上学富五车,但是苦读诗书,学贯中西,文学修养十分了得。作为林徽因的启蒙老师,姑姑林泽民是严厉的,她虽然很爱这个温柔可人的侄女,但也真心希望她能长成一个知书达理的女孩,而不是一知半解地假装学一学,最后稀里糊涂嫁了人,平庸地度过一生。

林泽民对林徽因的栽培,十分用心。林徽因同父异母的弟弟在回忆自己的姑母时说道:"大姑母比父亲还长三岁,为人忠厚和蔼，对我们姊兄弟胜似亲生母亲。父亲不在时，皆由大姑母敦促，林徽因更是受到了严格的教育。"

林徽因在七岁时已经可以把一些经典作品倒背如流，对常见主题出口成章，并写得一手娟秀的好字。为了锻炼和鼓励她，家里每有书信往来，林泽民都让小林徽因做执笔人。

在这样的环境下，林徽因长成了一个充满诗情画意的女孩，头脑中充满了很多浪漫的想象。林徽因曾经在一篇散文中提到过童年生"水珠"（即水痘）的往事。

"生'水珠'的时候，其实是周身难受的，总要熬过些时日，症状才会渐渐减轻，直至痊愈。"不过，生病的林徽因却因"水珠"这两个字的美妙而忘记了痛苦。在她的小脑袋里，满满都是"晶莹的水珠""娇嫩的灵动"这样的意象，为她减轻了许多痛苦。甚至后来病愈了，每每被问及是否出过"水珠"，林徽因还会莫名生出一些自豪，可爱极了。

或许，这因为一个名字而触发的小小欢喜，正是林徽因艺术气质的展露。

随着年岁渐增，林徽因出落得越发清秀动人。她的美，带着一种不食人间烟火的灵动之气。父亲林长民对这个女儿尤其关爱。

不过，这样的成长环境并没有让林徽因成为一个任性的娇娇女。说起来，她似乎从小就对家里的人情世故看得明明白白，待人接物极有分寸。这一方面，源自她的聪慧与素养；另一方面，也是由于母亲何雪媛地位尴尬。

她的内心是矛盾和挣扎的，感觉自己的童年被一分为二。父亲的这一边是阳光，母亲的那一边是阴霾。而她要在这两者之间切换自如，试图让每个人都能满意，更要处理好其间一些微妙的关系。

在林徽因的童年记忆中，林家前院总是充满了欢声笑语。父亲对程桂林爱护有加，也总是会宠溺地抱起弟弟妹妹们，在他们的脸颊上落下温柔的吻。院子里常有这样温馨的场景：父亲席地而坐，被孩子们央求着讲故事。从稗官野史到奇闻逸事，林徽因喜欢听父亲讲故事，也无比留恋那种温暖氛围。

何雪媛在后院的一小方天地，饱受着孤独、清贫与嫉妒之苦。她内心的凄凉，无药可医。说到底，她是一个没有自我的女人，甚至找不到一件事来安放自己的时光，只好深深陷入无边的怨念，如鬼打墙一般无法逃脱。

在这个偌大的院子里，总少不了用人们的闲言碎语。何雪媛不善于处理这样的事，只会将气氛和关系搞得更加糟糕。林徽因渐渐读懂了这些事，她内心的负荷远远超出了小小年纪的承受力。压抑久了，她会独自凭栏远眺。院府的西北角有一处木楼，她喜欢躲在那里看天，享受放空的状态。

多年之后，林徽因在小说《绣绣》中写出了自己的感受。她借绣绣的心声，宣泄了那种爱恨交织的情绪，以此来疗愈自己的原生家庭之伤。

作品中，绣绣的母亲本有五六个子女，但除绣绣外都已夭折，父亲另养家眷，母女的日子过得凄苦不堪。其中写道："夏天热起来，我们常常请绣绣过来喝汽水，吃藕，吃西瓜。娘把我太短了的花布衫送给绣绣穿，她活泼地在我们家里玩，帮着大家摘菜，做凉粉，削果子做甜酱……她的妈则永远坐在自己窗口里，摇着一把蒲扇，不时颤声地喊：'绣绣！绣绣！'底下咕噜着一些埋怨她不回家的话，'……同她父亲一样，家里总坐不住！'" 小说中父亲的无情并非来自林徽因的亲身经历，但母女二人寄人篱下的悲苦、无枝可依的凄凉却是林徽因表达的真情实感。

虽然母亲在林家是不受宠的侧室，但是林徽因作为林家庶出的长女，却得到了林府上下一致的喜爱。

提起林徽因，后人总是极尽华丽辞藻，将她描绘成天之娇女。但如果真的了解了她的人生经历，会发现她也有自己的困局。在这个偌大的院子里，她虽享受着家人的栽培与宠爱，但母亲的处境无时无刻不在提醒着她庶出的身份。她想如父亲所期望的那般，成为一个才貌双全的女子，精通琴棋书画诗文礼乐，所以拼命努力学习。

特殊的家庭状况，让她比同龄人早熟很多。她虽然受宠，但在家中总有怯意。她处处小心，希望自己样样都能做好。她将家务事料理得井井有条，学习成绩出类拔萃，连程桂林都不由得向她投去欣赏的目光。她认为，只有让自己变得有价值，变得被需要，才能守护住那些美好的温情与幸福。正是这不合时宜的早熟，铺就了林徽因的性格底色。

② 女儿是前世的情人

童年得到的爱，就是未来人生的光。童年的经历，为林徽因的故事搭建起一砖一瓦，塑造了她独一无二的灵魂。

父亲在林徽因的生命中是极其重要的存在。可以说，没有林长民的精心栽培，就没有她后来的惊世传奇。幼年时，林徽因对父亲没什么印象。因为当时林长民赴日读书进修，父女见面的机会颇少，她当时对父亲唯一的印象就是"那个总不在家的人"。

林长民在日本求学期间，与家人书信来往密切。信中，林长民对动荡的局势直抒胸臆，针砭时弊，表达了自己的政治抱负及独特的社会性思考，也对家中的亲人表达着热切的思念与牵挂。

林长民回国后，林徽因就常常不离父亲左右。她对父亲充满了崇拜之情，觉得世界上没有他不懂的事情，也没有他解决不了的难题。林长民对这个女儿极度呵护，希望给她最好的一切，将她培养成才貌双全的佳人。

林徽因不负众望，在姑姑对她进行诗书辞赋的启蒙训练过程中，展现出非凡的资质。每当姑姑抛出一个问题时，林徽因总能有自己独特的见解，思路清楚，语气不急不缓，将观点阐述得有理有据。这一切，令林家的大人们刮目相看。

父亲渐渐觉察到了林徽因的早熟。他发现这个小姑娘在午后总是喜欢透过菱形镂空雕花的木门望进去，盯着客厅里的八仙桌。在林徽因心里，只有在吃饭的时候大家才会聚集在这里，这代表着一个家的热闹与温暖，只是她的母亲与这里无缘。

阳光透过镂空的雕花，洒在了八仙桌上。平时摆放着咸鱼酱菜的普通桌子，此时却沐浴在一片灿烂的春日暖阳里，洋溢着温暖与宁静。林徽因看着阳光从桌上慢慢移动，笼罩着窗棂、门框，照在青石板地上，带来不同于以往的生机与朝气。生活突然就有了不一样的另一面。

林长民读懂了女儿的这种情绪，自然生出了愧疚与心疼。不过，对林徽因而言，正是这种极其敏感的感知能力，才让她后来可以写出那些美丽的诗句。对这个世界，她有着格外敏感的触角，幼年时尚且不知，那就叫作诗意。

林徽因对母亲的感情是颇为复杂的。一方面，她怜悯亲生母亲得不到应有的尊重和喜爱；另一方面，她又苦于母亲日复一日的怨念与哭诉。母亲的这种负面情绪，给林徽因带来的是一种感情上的枷锁，她既怕失去母亲，又想躲开。

举例来说，每一次她去前院找二娘的弟弟妹妹玩，回到自己的偏房院落里，母亲都会没来由地拿着帕子擦泪，话里话外数落父亲对她的冷落，抱怨林徽因对自己的漠不关心。后来林徽因这样描述这种情绪："家里弥漫着不祥的气氛，我不得不试图维持现有的亲密感。晚上就寝的时候已经精疲力竭，差不多希望我自己死掉或根本没有降生在这样的一个家庭……那早年的争斗对我的伤害是如此之久，它的任何部分只要重现，我就只能沉溺在过去的不幸之中。"

林徽因内心对父母的感情，一直是复杂的，不是单纯的爱与恨，而是交织在复杂的原生家庭中的一种难以脱离的牵挂与纠结。

由此，她对父亲也始终是小心翼翼的。在林徽因最初的记忆中，父亲永远风风火火、早出晚归，是偶像一样的人物。他对自己的关心和爱护，她都感知得到。只是母亲的眼神在时时提醒她，她应该更加周到和努力，否则有可能像母亲一样失去父亲的爱，被搁置在无人关注的角落里。

为了走进女儿的内心，大约从林徽因六岁开始，林长民就给她写信。六岁的林徽因，已经承担起照顾母亲与二娘还有弟弟妹妹的责任。虽然同父异母，但是林徽因这个长姐，是极疼爱弟弟妹妹的。

据说林长民与林徽因之间的家书很多,但是大部分已经丢失,无从考证。从这留下来的书信中,仍旧可以窥斑见豹。

徽儿:

知悉得汝两信,我心甚喜。儿读书进益,又驯良,知道理,我尤爱汝。闻娘娘往嘉兴,现已归否?趾趾闻甚可爱,尚有闹癖(脾)气否?望告我。

祖父日来安好否?汝要好好讨老人欢喜。兹寄甜真酥糕一筒赏汝。我本期不及作长书,汝可禀告祖父母,我都安好。

父长民三月廿日

谁能想到,这是一封写给六岁稚儿的书信呢?林长民完全没有把林徽因当作不懂事的孩子,字里行间溢满了信任和疼爱。

民国初年,时局动荡,林长民始终坚守着"民主共和,反对复辟"的信念。作为民国建立之初立宪派的名人,林长民受到了民众的拥护。尤其是张勋复辟期间,林长民旗帜鲜明地表明自己的立场,受到了段祺瑞的重视,被任命为司法总长。

林长民接受任命之后,举家从杭州迁至北平。林徽因就此开始了在北平的生活。

在北平，祖父林孝恂病故，父亲林长民整日奔忙于政事，照顾全家人的重担就此落在了林徽因的肩上。林徽因要协调好母亲和二娘的关系，还要关照好几个弟妹，有时甚至还要参与林家的日常繁杂事务。无形中，小小的林徽因已然在家庭中成了重要角色。但与此同时，正如林徽因的朋友费慰梅所言："她的早熟可能使家中的亲戚把她当成一个成人而因此骗走了她的童年。"

林长民对林徽因的要求非常严格，他接受过西方教育，又是新建的中华民国极有名望的政治家，非常鼓励林徽因开阔眼界，不仅要接受中国传统教育，还要接受西方优秀的教育思想。在这种观念的引导下，林徽因既保持着传统中国女性的温柔贤惠，又有新式女性的独立与魄力，这在那个年代是很难得的。

十二岁这一年，林徽因和表姐妹一起进入培华中学学习。进入培华中学读书，是林徽因求学生涯中非常重要的一个转折点。

培华中学是英国教会创办的学校，采取封闭式管理，授课时使用全英文的课本，学生们平日都要住在学校，只有周末才能放假回家。

那是一段快乐自由的时光。一方面，培华中学有着先进的教育理念，林徽因在这里开阔了眼界，掌握了一口流利的英语。另一方面，压抑了太久的心得到了释放，她暂时脱离了原生家庭，可以呼吸自由的空气了。因此，走入培华中学于她而言，不仅是一段难得的教育经历，更是培养独立人格的良好时机。

培华中学的教育理念，至今仍不过时。英文老师教导她们："姑娘们，读书吧，多读书不仅能教会你们写作，还能教会你们热爱这个世界。"

林徽因完美诠释了"腹有诗书气自华"这句话。在培华中学读书的几年，林徽因更加温婉端庄。培华中学的校服带着浓浓的"民国气质"，更像是改良版的五四时代学生装，中式的立领上衣、西式百褶裙搭配黑色皮鞋，恰到好处地中和了中式的古朴和西式的洋派，既革新，又古典。林徽因的气质与这套校服简直是完美搭配，她安安静静地坐在那里，端庄秀美，且不失活泼之气，显然就是校园中女神一样的人物。很多名人在回忆录中都记载了林徽因年轻时的容貌。萧乾的夫人文洁若曾如此写道："林徽因是我生平见过最令人神往的东方美人。她的美在于神韵——天生丽质和超人的才智与后天良好高深的教育相得益彰。"

民国女先生陈衡哲的妹妹陈衡粹曾这样形容林徽因："有一天同一位朋友上山游览，半山上一顶山轿下来，我看见轿子里坐着一位年轻女士。她的容貌之美，是生平没有见过的。想再看一眼，轿子很快下去了。我心中出现'惊艳'两字。身旁的人告诉我，她是林徽因。用什么现成话赞美她？'闭月羞花''沉鱼落雁'等都套不上，她不但天生丽质，而且从容貌和眼神里透出她内心深处骨头缝里的文采和书香气息。我今生今世，认定了她是我所见到的第一美人。没有一个人使我一瞬难忘，一生倾倒。"

适逢假期在家，林徽因喜欢帮助父亲做一些琐事，比如整理书籍、书写信件，甚至处理简单的公文。父亲在日本出公差的时候，她在家中搞了一次"大工程"。林徽因把父亲收藏多年的字画都取了出来，小心翼翼地进行了分门别类的整理，然后汇编了收藏目录，编撰或许并不算成熟，但已经有模有样了。

远在日本的林长民收到了女儿的书信："徽自信能担任编字画目录，及爹爹归取阅，以为不适用，颇暗惭。"那一刻，林长民的笑容已经难以抑制。

林长民回国后，见林徽因的功课不紧张，就会把她带在身边，父女两人形影不离。他们一起参加各种活动，林徽因凭借美丽的容颜和优雅的谈吐，很快在北平社交圈中声名鹊起。如此才貌动人的林徽因，让做父亲的林长民意识到，女儿已经渐渐长大，自然开始思考她的婚事。

林长民思想开放，他希望女儿能够找到相匹配的意中人，但并非刻意为其包办婚姻。他在好友圈子里细细琢磨了一个来回，最后锁定了老友梁启超。

在一个平凡得不能再平凡的下午，梁启超带着儿子梁思成来拜访林长民。两个年轻人的生命轨迹将因此交汇。

所有命运的奇遇仿佛都在冥冥之中已被安排好，只等待时机的到来。一段旷世情缘，即将拉开帷幕。

③ 世界的每一个角落

林徽因与梁思成的第一次见面,是林长民和梁启超精心安排好的。

作为中国近代知名的政治家、教育家、社会活动家,梁启超有着极高的社会地位和影响力。在子女的教育方面,梁启超有一套自己独特的方法和理念,因此,"一门九子,个个成材"。梁思成作为梁家的长子,备受父母的重视和喜爱。

梁启超和林长民既是同僚,又是好友,所以都产生了将两家联为亲家的意愿。对于子女的婚姻,两人观点一致,即先仔细观察一个人的品行,再将这个人介绍给自家儿女,至于最终是否能结婚,全靠缘分。

对于林徽因,梁启超非常满意。她是挚友的长女,自小饱读诗书,对中国经典文化的领悟能力极强。更为重要的是,林徽因不仅继承了中国传统女性的优点,还接受了西方新式教育的洗礼与熏陶，品性纯良，又有开阔的眼界和思维，是一个不可多得的优秀女子。

梁启超嘱咐梁思成换上丝绸长袍，整理仪容，随他一道拜访林长民。虽然父亲没有明说去做什么，但是梁思成也猜出了七八分。

一个春日的午后，阳光明媚，在景山后街的林府，梁思成见到了林徽因。在推开院门之前，梁思成心里是有些芥蒂与抗拒的。他以为，这会是一次极其尴尬与无聊的见面，觉得林家长女可能是一位含羞待放、面露赧色的小家碧玉，抑或是言听计从、低眉顺目的柔弱女子。总之，他完全没想到打开这扇门后，竟然遇见这样一位美丽的女子。

少女林徽因手捧一本诗集，坐在花木扶疏的院子里，正聚精会神地将书翻到下一页，间或吟诵一小段，低声呢喃，完全没有注意到已经站在她面前的客人。

梁思成被这粉雕玉琢的容颜、唇边的酒窝、眉眼间的柔美与诗意折服了。从此，这一颦一笑深深印在了他的心中。

随后，梁思成和林徽因客气地打了招呼。两个人都受过新式的西化教育，且年龄、家庭背景相仿，很快就畅快地聊起来。此时梁思成就读于清华学堂留美八年制预备班，在学校是一个活跃分子，喜欢音乐剧，喜欢足球，各种活动都少不了他的身影。梁思成与林徽因畅谈学校里的新鲜事，聊音乐，读诗歌，两个人成了好朋友。

1920年，林长民以"国际联盟中国协会"成员的身份前往欧洲，完成为期一年半的访问考察。林长民在接到任务后，第一个想到的就是长女林徽因。

林长民建议林徽因暂时中断在培华中学的学业，与他一同前往欧洲。能够在十几岁的年龄游历欧洲，汲取西方教育思维的精髓，实属难得。这一次的欧洲访问，必将会给林徽因的世界观和价值观带来新的冲击与洗礼。因此，林长民提笔写信给女儿："我此次远游携汝同行，第一要汝多观览诸国事物增长见识；第二要汝近在我身边能领悟我的胸次怀抱；第三要汝暂时离去家庭烦琐生活，俾得扩大眼光，养成将来改良社会的见解与能力……"

阳春三月的北平春寒料峭，但是嫩芽已经爬上树梢。林徽因收到父亲的书信，心中泛起涟漪，年轻的面孔上掩饰不住兴奋的流露。即将与父亲一起远行欧洲，去探索未知的异国世界，这一切是多么令人心神向往啊！林徽因将书信靠在胸前，畅想着未来的生活，已经迫不及待地要和父亲登上邮轮了。

对于父亲，林徽因始终是仰视的。除了血浓于水，她更钦佩父亲的报国之志，憧憬着未来可以与父亲比肩，成为一样志向高远、胸怀天下的人。林徽因非常珍惜这次同父亲访欧的机会，并暗暗下决心，要成为父亲更得力的助手。

这次远行，在林徽因的生命中举足轻重。正如林长民在信中所提到的一样，他其实非常了解女儿，天资聪颖的女儿，是万不能被锁在深宅大院里的。他希望林徽因能够有更多的阅历与见识，更包容这个多样化的世界，有更长远的眼光和更清晰的人生目标。

随着一声汽笛鸣响，林徽因与父亲挥别亲友，开启了欧洲之行。邮轮在海上漂过千万里，行驶两个月，林徽因也从一开始的期盼与好奇，渐渐觉得低落与无聊。尤其是在海上的这一段日子，她因为严重晕船而身体不适，每天随波起伏，吐得不成样子。以至于最后落地之时，她仍旧有一种上下颠簸的不真实感，连走在陆地上都觉得眩晕。

在伦敦落脚之后，林徽因最不适应的是伦敦阴雨连绵的天气，那种阴郁的感觉，让林徽因不禁烦闷起来。十六岁的少女心思最为细腻，喜欢悲春伤秋，偏偏又遇到伦敦一成不变的阴雨和大雾，一切朦朦胧胧看不清晰，就像自己的未来，不知何去何从。

小雨总是淅淅沥沥下个不停，伦敦的一切都被笼罩在烟雨朦胧中，身边形形色色的异乡人说着各种口音的英语，步履匆匆。林徽因每次出去，都会沾上一裤脚的泥水，爱干净的她，非常不情愿在这样的天气里出门办事。

在异国他乡，林徽因备感孤独，这孤独的情绪在晚饭时尤其浓烈。在林宅，最热闹的时候就是每天晚饭时，一大家子人围坐在八仙桌旁，有说有笑。但是在伦敦，这一切都不一样了。

父亲每日忙于工作，去各地演讲、访问、考察，奔波于欧洲各地，时常不在英国。林徽因只得一人坐在饭桌旁，看着一双筷子、一个碗碟。

偌大的客厅里，无人陪伴。空气潮湿，环境压抑，少女心细若弦，心中的抑郁和苦闷被不断放大。林徽因时常一人静坐窗边，看着雨滴敲打窗户，无聊得直咬手指。这是一种想哭却哭不出来的痛苦，她无人诉说，只能憋在心中，任凭无助的感情一再发酵。此时，她多么希望身边能有三两知己，一同读书论道，分享心事。

后来，林徽因写信给朋友，描述自己当时在伦敦时的心境："……差不多二十年前，我独自坐在一间顶大的书房里看雨，那是英国的不断的雨。我爸爸到瑞士国联开会去，我能在楼上嗅到顶下层楼下厨房里炸牛腰子同洋咸肉，到晚上又是在顶大的饭厅里（点着一盏顶暗的灯）独自坐着（垂着两条不着地的腿同刚刚垂肩的发辫），一个人吃饭，一面咬着手指头哭——闷到实在不能不哭！理想的我老希望着生活有点浪漫的事发生，或是有个人叩下门，走进来坐在我对面同我谈话，或是同我同坐在楼上炉边给我讲故事……"

她最高兴的时候，是父亲在家里会客的时候。林长民交友广泛，所以经常在家中举办聚会，请来各个领域的社会精英，一起高谈阔论。林徽因也热爱交际，接待客人时落落大方，游刃有余。

不过，当客人们纷纷散去，父亲也要短暂离开的时候，林徽因就会再度陷入忧伤与孤寂。

为了缓解女儿的孤独，林长民为她聘请了家庭教师，学习英语和钢琴。她的英语教师名叫斐理璞（林长民译），是一个英国人，两人很快成为朋友。斐理璞主动将林徽因带入了自己的生活圈子，介绍亲友给她认识，让她体会到了异国的温暖。

同时，这个来自东方的女孩子也渐渐引起了女房东的注意。女房东很喜欢林徽因带有灵气的双眸，觉得它总是闪烁着智慧的光芒。从林徽因的举手投足、接人待物中，她能体会到这个女孩子的端庄、教养与聪颖。也正是这位女房东，带着林徽因走出了苦闷，赶走了阴霾，走进了建筑与美的世界。

女房东是一名建筑师，她带着林徽因去探索伦敦的街道，给她讲解大大小小的建筑物。彼时，林徽因对建筑一知半解。女房东耐心地讲解，告诉她每一座建筑背后的历史故事，以及代表了怎样的文化和宗教信仰。不同的建筑拥有不同的风格，展现的情绪也不尽相同。哪些建筑是和谐与美观的，哪些建筑又是实用大气的，哪些建筑则是突兀甚至需要改造的。

林徽因站在女房东身后，看着她在画板上画远处的建筑物，仿佛开启了一扇认知新世界的窗户，领略到了一种不同于其他事物的美。女房东不仅启蒙了林徽因对建筑美学的欣赏能力，并带领她从内到外剖析建筑的原理、特点，使林徽因对建筑有了较深层次的认识。

林徽因感觉突然找到了人生的方向。在此之前，她觉得建筑物都是相似的，从没有思考过背后的文化与深意。国内的亭台楼阁、屋角飞檐，她也觉得美，只是从没有深入思考美的来源和美的细节。现在想想，那琉璃瓦、青石板，都蕴含着独特的魅力。林徽因发现只有内心的丰盈，才可以抵御时光流逝，抵御无聊苍白。她一头扎进了建筑的世界，探寻其中蕴含的美与哲学，为之深深着迷。

建筑是人文与美学的衍生物，是人类精工巧匠与大自然鬼斧神工的结合。林徽因在欧洲建筑中感受到了一种古朴大气之风，那些外台飘窗，暗粉色的砖瓦和高高的屋顶，一切都与自己国家的建筑风格不同。比较起来，那是截然不同的两种美。中国的亭台水榭，花园楼阁，小桥流水，带着东方古典式的和谐隽秀，欧洲的建筑则更有张力，虽华丽却不失个性。

在跟随女房东采风写生的过程中，林徽因逐渐对建筑美学情有独钟。从此开始，她确立了自己未来的研究方向，立志成为一名优秀的建筑师。

林徽因渐渐地可以分辨出哪些建筑物出自大师之手，哪些装饰有画龙点睛之妙,哪些细节又是不合时宜的。林徽因最喜欢去剑桥大学采风,因为剑桥大学的校园里保留了非常完整的中世纪建筑群。建筑是有生命、有力量、有记忆的,透过这些建筑物,后人可以读出建筑师的心境。林徽因逐渐认识到,建筑师不仅仅是盖房子的人,还是自然与艺术的沟通者,他们不仅有着一双巧手,更有着看透万物本质的心灵。

多年以后,林徽因与梁思成一同前往美国读书。那时梁思成尚未决定要研读什么专业,林徽因却笃定地告诉他,自己决定要读建筑专业。

梁思成问道:"建筑?那是house,还是building?"

林徽因笑着摇摇头:"都不是,是architecture。"

林徽因告诉梁思成,在她十六岁游历欧洲时,建筑的力量与美,哲学与人文就已经印在了她心中。它不仅仅是简单的房子(house),也不是冰冷的建筑物(building),而是建筑,是古往今来大师们所留下来的思考艺术的产品,是文化的浓缩,是思绪的表达。

4 来自东方的莲花

自喜欢上建筑之后,林徽因的游历感觉更加充实了,她一路观赏,一路体会,一路记录,成为一个不折不扣的"小建筑迷"。欧洲建筑是美学与力量的完美融合,是一本形象生动的教科书。

古罗马的万神庙、角斗场、浴场以及皇宫,无处不展现着雄伟浑厚的风格,墙体巨大厚实,拱柱相连,既可作为结构支撑,又可作为装饰,为气势宏伟的建筑体平添了一丝平衡感。

巴黎圣母院大面积的彩色玻璃窗更是令林徽因赞叹不已。阳光透过彩色的玻璃洒向石板墙壁,细碎的光斑懒洋洋地密密铺满了一层,时光透过建筑,让古人与现代人的思想在这里碰撞。

意大利的巴洛克建筑呈现出一种浪漫、自由、动感的风格。富丽堂皇的雕刻、浓烈的色彩穿插在曲面和椭圆形的建筑构造中,平添了一份神秘和灵动。

一路上,林徽因不断发出一串串的感叹,意识到建筑是文化和美学的衍生,与居住者的性格、审美以及宗教信仰紧密联系在一起。比如德国的建筑呈现出非常明显的地域差异:南德多为巴洛克式建筑,清新明快,浪漫自由;北德的建筑则庄严肃穆得多,多为严谨的哥特式建筑。林徽因骨子里对建筑美学的向往被激发,她经常流连于欧罗巴大地的人文与建筑中,倾心于此。与远在万里之外的故乡一样,眼前这片陌生又充满诱惑力的土地同样嵌入了少女的心怀。她着迷于此,果断将此选定为要追求一生的理想与事业。

女房东经常带着林徽因外出写生采风,父亲偶尔也会带着她一起出差游历。她的孤独时光总算结束了。虽然她有时会在阴雨连绵的夜里辗转反侧,但这些热爱与热闹,抚平了她在异乡的孤寂与惆怅。

父亲单独出差的时候,怕女儿寂寞,经常给她寄来书信,述说有趣的见闻。林徽因与父亲,更像是平等交流的朋友与知己。

林徽因在培华中学就读时,接受的是全英文的教育,这为她打下了良好的英文阅读及书写基础。伦敦的连绵阴雨仿佛没有穷尽之时,林徽因只能在家读书。她读霍普金斯和勃朗宁的诗歌,读维多利亚时代的古典小说,也读萧伯纳的剧本。

起初,她是抱着巩固英文的目的读这些原版小说的,渐渐地,她被吸引了,无法自拔。她沉迷于瑰丽的文学世界,体会跌宕起伏的人生，细细琢磨中文翻译本无法表达出来的仅存于原文字里行间的细微感情。她读着那些文字里展现的自由与爱，不由得心生向往。

雨滴俏皮地拍打着窗户，林徽因凭窗而坐，靠在壁炉旁轻轻地翻着泛黄的书籍，心里渐渐泛起涟漪。建筑也好，文学也好，不同空间不同领域的作者，总有相似的感情表达。而爱，是最常见的主题。

爱，是人间最珍贵的感情。初次读到书中的爱情描写时，林徽因内心一阵悸动。她掩卷沉思，陷在沙发上，脑中回忆起从江南到北平，这一路上遇见的形形色色的人。她这颗少女的心，就像含苞待放的花朵，悄悄绽放，毫无声息却充满了力量。

人生长路漫漫，她会遇见谁？谁又会是那个最后同自己并肩前行的人呢？

剧本和诗词中所描绘的爱情，仿佛在林徽因的心湖上投下了一颗石子，激起了层层涟漪。她幻想过，在异乡遇到一个可以疼她护她的人，不仅尊重她怜惜她，还可以和她执手踏遍山川江河，共读诗词歌赋。然而，这一切总是朦朦胧胧，她看不到清晰的未来。少女的心事就像诗一样，神秘又不好说破，林徽因陷入了略微低沉的思绪中。

无尽的阴雨就像一道屏障，将林徽因的生活与以往的岁月隔离开来。林徽因的世界产生了撕裂感，过往的与当下的感受截然不同。加之那段时间父亲总是忙于"国际联盟协会"的事务，疏于对林徽因关怀照顾，这使她的感受更为复杂起来。

为了解决这个问题，也为了不让林徽因中断学业，林长民着手安排林徽因考试读书，让她重新回到同龄人的圈子里。

1920年9月，林徽因以优异的成绩考入了圣玛丽学院，继续未完成的学业。

林徽因从入学开始，就受到了同学们的关注，大家亲切地称她为"来自东方的莲花"。因为在培华中学打下了良好的基础，林徽因的英文口语流利，语言交流毫无障碍。

日后谈及林徽因，圣玛丽学院的同学们依旧对她有着非常深刻的印象。她在课堂上思路缜密活跃，拥有难得的独立思考能力，看待问题的角度非常新颖，作业及发言总能得到老师的夸奖。课下，林徽因与同学们一同读剧本、排练，充分展现了社交能力。她大方、端庄、乐于助人，且从未展现过一丝的高傲。最让同学们印象深刻的，还是她不同于西方人的美丽脸颊。一位英国同学回忆林徽因说，她总是嘴角带着笑容，梨涡微陷，有西式的潇洒外放，也有东方的内敛与羞赧，总之，整个人张弛有度，待人接物滴水不漏，是个无可挑剔的美人。

冬去春来，伦敦迎来了难得的艳阳天，连绵阴雨所带来的低落与阴霾仿佛都随着太阳的出现消失不见了。林徽因逐渐适应了这里的生活。伦敦的一桥一塔，都已经深深印在她的心里，她不仅爱这异国建筑的历史与情调，也渐渐熟悉了这里的风土人情，融入了当地生活。

林长民虽然忙于四处出差讲课，却从未忘记与女儿进行书信沟通。从一封林长民从瑞士写给林徽因的家书中，可见一斑：

> 桐湖之游，已五昼夜。希提芬更（Hilterfingen）一小村落，清幽绝俗，吾已欲仙。去年游湖，想汝所记忆者，亭榭傍水，垂柳压檐，扁舟摇漾，烟霭深碧。而我今日所居，其景物又别……吾亦偶尔往来其间，凡去年涉足处，皆已一一重访，此等游览，无足动我感念。但人生踪迹，或一过不再来，或无端而数至，尽属偶然，思之亦良有意味。吾与此湖此山既生爱恋，深祝偶然之事能再续此缘。晨起推窗湖光满目，吾双眼如浸入琉璃。书此相示，禽声宛转，通晓未歇，似催我赶赴早邮也。

毕竟父亲公务缠身，不能常伴左右，林徽因也渐渐习惯。其实，最令她感到高兴的是，随着年纪渐长，她有机会招待并接触来家做客的父亲的友人们。这些人言谈举止不凡，在各自的研究领域举足轻重。这些熙来攘往的宾客，给林徽因打开了另外一扇认识世界的大门。

林长民虽然身在海外，但是影响力很大。当时，很多国内外知名的社会活动家、学者、诗人等都是林长民的座上宾。包括著名小说家托马斯·哈代、史学政治家赫伯特·乔治·威尔斯、才貌兼具的女作家凯瑟琳·曼斯菲尔德，以及旅英多年且成绩斐然的一大批中国学者张奚若、陈西滢、金岳霖等。

林徽因在世间顶级的文学作品及大师们中饱受熏陶，少年时便站在了巨人的肩膀上，登高望远。

第二章 芳华·一场宿命的相逢

❶ 诗人的眼睛

在伦敦生活求学的岁月里,林徽因有两位家庭教师。在家庭教师的指导下,她的英文阅读与写作能力进步非常快。她曾经在故乡已经读过的中文译本,此时再次翻看原文,发现竟然有不一样的体会。

一日,她如往常一样,放学后回到空荡荡的家里。楼下传来炸咸肉与咸鱼的味道,提醒她晚饭时间到了。望着偌大的空无一人的餐厅,林徽因不免心生厌倦与疲惫,坐在长长的餐桌尽头,一个人慵懒地拿起几片面包,慢慢涂上一层黄油。

林徽因一边啃着面包一边翻看眼前的英文书籍。牛奶早就喝完了,面包却无论如何也咽不下去了。她觉得心里似乎有什么东西纠结在一起,解不开,盼望能出现一个解铃人。这本英文书籍写的是爱情故事,林徽因看着看着,想到了自己。

十几岁的少女尚无法定义何为爱情,却已经有了朦朦胧胧的念头。林徽因多么希望有一位少年，此刻叩响自己的心房，两人心灵相通，能够一起品茗读书，交换心事。这位少年最好聪明有趣，懂得浪漫，还能够猜透少女偶尔任性的小心思。或许是哪位在故乡等待自己的少年，又或许是英国校园中的某一位青年才俊。林徽因沉浸在少女的美梦中，全然未察觉此刻有人叩响了大门。

从沉思中惊醒，林徽因连忙合上书，奔下楼梯，打开门。望着眼前的这位年轻人，林徽因一时间恍惚起来。她用力搜寻脑海中的记忆，这位年轻人好像曾经找过父亲，叫徐志摩。

那天，徐志摩穿着一身手工缝制的西装，线脚并不是很整齐，衣服裹在身上显得有些窄。但是衣领衣袖干净整洁，一眼就可以看出他来自讲究的大户人家，只是此时的状况可能有些窘迫。他踩着一双皮鞋，裤脚处有些泥巴，应该赶了挺长的一段路。徐志摩拎着一个黑色的公文包，里面塞满了书籍，鼓鼓的，还有一本探出头脑，翻卷了扉页，缩在皮包的拉链处。

徐志摩是梁启超的忘年好友，带着一腔热情要来学习西方文化，希望未来能为救国贡献一己之力。他开始在美国麻省沃切斯特的克拉克大学选修经济学和社会学，后来转到纽约的哥伦比亚大学攻读政治学。

一天，徐志摩忽然对罗素产生了崇拜之情，于是毅然越过大西洋抵达伦敦，希望可以在罗素门下学习，不想却被告知罗素还未从中国返回。因此,他常常在闲来无事时拜会志同道合的林长民。

徐志摩与林长民虽然相差十几岁,但两人相见恨晚,无话不谈,可以从政治谈到经济,从经济谈到历史,从历史谈到文学。

随着与林家来往越来越密切,少女林徽因引起了徐志摩的注意。他曾与林长民提到,林徽因是一个可以说话的有趣的人,或许能成为朋友,林长民听罢骄傲又高兴。他对徐志摩说道:"做一个天才的女儿的父亲,不是容易享的福,你得放低你天伦的辈分,先求做到友谊的了解。"

徐志摩被林徽因所吸引,首先是因为她的学识。他发现这个女孩年纪不大,但读的书非常多,而且都能有自己独到的见解,逻辑思路清晰,悟性极高,远超同辈。

在遇到林徽因之前,徐志摩虽然对哲学、文学有着浓厚的兴趣,但并没有确定要做一个诗人。1920年到1922年,他的政治观和人生观逐渐成熟,接触了各界流派,也孕育了自己独特的思想体系,立志要成为一名"不可训教的个人主义"诗人。

林徽因给了他创作诗歌的灵感和动力。遇到她以后,徐志摩的心就像突然找到了缺失的那一块,不再空虚,不再迷茫。他的心渴望安顿下来,只要和她在一起,就时刻感觉很满足。这种精神上的契合,是他过去从来不曾拥有过的。林徽因的温婉与美好,激发了他诗人的灵感。

徐志摩意识到，他爱上了林徽因，是这个女子让自己成了一名真正的诗人，拥有了炽热浪漫的情怀。感情来得汹涌，但徐志摩毫不畏惧，也毫不退缩。他没有顾忌自己已婚的身份，封建礼法从来都不是他的束缚与牢笼，他要不顾一切去追，不顾一切去爱。

但对于林徽因而言，她只是把徐志摩看作志同道合的朋友。费玉梅曾经回忆道："在我看来，他可能承担了教师和指导者的角色，把她导入英国的诗歌和戏剧的世界，以及那些把他自己也同时迷住的新的美、新的理想、新的感受。就这样他可能为她对于他所热爱的书籍和喜欢的梦想的灵敏的反应而高兴。他可能编织出一些幻想来。"

"……我有一个印象，她是被徐志摩的性格、他的追求和他对她的热烈感情所迷住了，然而她只有十六岁，并不像有些人所想象的那样是一个有心计的女人。她不过是一个住在父亲家里的女学生。徐志摩对她的热情并没有在这个缺乏经验的女孩身上引起同等的反应。他闯进她的生活是一项重大的冒险。但这并没有引得她脱离她家里为她选择的未来的道路。"

可见，诗人热情编织着幻想，少女的内心却清醒而澄明。

❷ 山高路远,为你而来

徐志摩于林徽因而言,更像是知己。他们谈天说地,仅此而已。林徽因从未想过要与这个文质彬彬的男人携手一生。徐志摩于她而言是师长,是朋友。

冬日的伦敦被笼罩在薄雾中,林长民像往常一样出门工作,几日未曾回家。徐志摩带着书,撑着伞,走过寂寥的伦敦街头,驻足于林宅门前,叩响门板。伞还滴着雨,徐志摩收起伞,对前来开门的林徽因灿烂地一笑,清隽白皙的脸庞顿时如春天的阳光一样明媚。随着徐志摩一同到来的,除了好心情,还有无穷无尽的各种有趣的话题。

林徽因热爱诗词歌赋,也热爱戏剧。徐志摩涉猎的内容更为广泛,他对林徽因讲述自己的政治思想和哲学观点,讲解自己的诗歌理念。林徽因不懂什么是英国的工党和保守党,徐志摩就耐心又执着地要给她讲清楚。

冬天火炉旁的地毯上放着两把椅子，这里是全屋子最暖和的地方。林长民在家的时候，常常坐在此处读书看报。此刻林徽因和徐志摩坐在火炉旁，膝盖上搭着苏格兰小格子的毛毯，促膝而谈，不胜欢快。徐志摩建议她要多去一些不同的地方走走。尽管那时候林徽因已经去过欧洲大部分国家，参观了很多经典建筑，但是对欧洲的文化政治生活涉足尚浅。徐志摩建议，她可以在周末多去公共场所转一转，能更好地体会伦敦的政治氛围。广场上的人们总是三五成群，发表着各自的政治立场演说，在这个过程中，她可以很直观生动地了解工党、保守党、自由党等组织。

"你应该去那里看一看，英国的政治生活可见一斑。"徐志摩认真地说道。每当他谈论起她不太了解的事情，林徽因就会一脸崇拜地认真聆听，表情严肃，想要搞清楚他讲的所有事情。

"萧伯纳有一次在大雨中站在废弃的木箱子上演讲，你猜周围有多少听众？"徐志摩笑着问道。

"很多么？"林徽因很好奇。在她的认知中，萧伯纳是一位有名的作家，她无法想象一位作家竟会为了自己的政治立场而去广场上大声疾呼。

林徽因与徐志摩之间的话题是多样且跳跃的。他们从萧伯纳的政治演讲，谈到了萧伯纳的文学作品，进而谈到了英国的其他诗人。徐志摩说自己喜欢拜伦、雪莱、华兹华斯和济慈的诗歌，林徽因马上心领神会地一笑，流利地背诵起济慈的诗歌："这神妙的歌者，绝不是一只平凡的鸟；她一定是树林里美丽的女神……"徐志摩也默契地接了下去："……你还是不倦地唱着，在你的歌声里我听出了最香冽的美酒的味儿，还有那遍野的香草与各种树馨。……我的灵魂脱离了躯壳，跟着你清唱的音响，像一个影儿似的淡淡地掩入了你那暗沉沉的林中。"

与林徽因讨论起文学和诗歌的徐志摩，是闪闪发光的。诗人有着敏锐的感觉，分析起诗歌字里行间的情感，字字珠玑。

林徽因被他的纯粹和热情所吸引。每每提及热爱的事物，徐志摩总是充满能量，这在一个成年人身上实属难得。在一群精致的利己主义者中间，徐志摩独善其身，从来没有被世俗磨平棱角，仍如涉世未深的少年一般，保留着纯净的思想，搞艺术创作时，更是将这种原始的感情展现得淋漓尽致。很多时刻，林徽因都觉得徐志摩就像见到了糖果的小男孩，开心得很纯粹。来英国以后，她已经许久没有被这样有趣的灵魂吸引了。

在林长民的引荐下，徐志摩见到了当时英国赫赫有名的文学家高尔斯华绥。徐志摩是颇有才华的青年才俊，高尔斯华绥是狂热的"中国迷"，这使得他们很快就成了无话不谈的朋友。在高尔斯华绥的关照下，徐志摩得以进入剑桥大学皇家学院学习，成为一名特招学生。从此，在中国年轻人的心里，剑桥与徐志摩的名字紧紧相连，充满了柔波的美好和诗人的浪漫。徐志摩曾满怀深情地说："我的眼是康桥教我睁的，我的求知欲是康桥给我拨动的，我的自我意识是康桥给我胚胎的。"

对于徐志摩而言，剑桥园仿佛是他漂泊灵魂的栖居地。此时的他，几乎已经放弃了经济学与政治学，改变了当时到国外深造的初衷。他感觉自己天生就是一个创作者，无法拒绝文艺女神缪斯对他的召唤。这种选择虽然有可能会让父亲失望，但他还是默默做了一个决定，希望未来用一生的时间去研究诗歌和写作。事实上，这的确是最适合他的发展方向。

在这段时间里，徐志摩受到了多重的灵魂感召。一方面，他在剑桥园中找到了自己热爱的学习方向，并愿意为之不断努力；另一方面，林徽因身上的脱俗气质也让他产生了爱慕之情，激发了他创作诗歌的灵感。每一天，他都能感受到生命的奔腾与翻涌，并找到了诗歌这种形式作为表达的出口，源源不断地创作出脍炙人口的诗篇。

对于徐志摩来说，此时万物皆美好。所有的花草树木、云鸟雨露，都带着柔美的诗意。在他眼中，就连伦敦饱受诟病的大雾，都变得浪漫起来。

那雾总是在康河的柔波中晕染开来，荡漾着旖旎的水汽与一抹暖色灯影，曼妙而婀娜，如同柔柔升起的烟在河面上奔腾。在夏夜里，空气里仿佛飘散着玫瑰的气味，让人感觉到幸福与勃发，如同爱情，如同梦想。

因为笼罩了一层雾，四周的景色似乎都变得生动起来。月亮像被一层面纱遮住了，河水也显得比平日里温柔安静，默默映衬着在河边并肩散步的年轻人。每当风起，花瓣点点飘落在水面上，枝条缓缓扭起腰肢，就仿佛展开了一幅无限美妙的画卷。在徐志摩看来，那康桥边深深浅浅的足迹，又何尝不是时间写下的诗句呢？

在英国与林徽因相处的这段日子，是徐志摩非常高产的创作阶段。在康桥，他写出了这样的文字："如果有一天我获得了你的爱，那么我飘零的生命就有了归宿，只有爱才能让我匆匆行进的脚步停下，让我在你的身边停留一小会儿吧，你知道忧伤正像锯子锯着我的灵魂。"

通过与徐志摩的交流，林徽因越发真实且深切地感受到了他的才华。明明已经读懂的诗句，经与徐志摩讨论，林徽因往往又会有更深一层的理解。

春天终于来了，林徽因不仅可以和徐志摩围炉读书，还能相携踏青，去剑桥，去牛津，去参观诗人们的故居。在弯弯的小桥下，两人坐着船肆意畅快地游玩，英伦街景从身旁划过，他们享受着阳光下的美好，享受着知己守护在身边的幸福。

诗人的任性，在世俗中常常是一根刺。徐志摩的父母对他的选择不甚理解，当初儿子出国时，他们原本寄予了极高的期望，希望他早日学成回来继承家业，没想到事情的发展逐渐失控了。

得知徐志摩任性更改专业之后，父母越来越担忧。他们决定让徐志摩的妻子也前往英国，陪儿子一起学习。一方面可以弥补分居带来的感情缺失，另一方面也提醒徐志摩不要忘了自己异国求学的初衷。

张幼仪在踏上异国土地，看到丈夫既熟悉又陌生的眼神时，就有了一丝不安的预感。她的到来，对徐志摩的想法并没有产生任何影响。诗人的心，从来就不是她能掌控的。在离剑桥大学六英里的地方，徐志摩与张幼仪租下了一所房子。对于妻子的到来，徐志摩表现得十分冷漠。他每天会坐公共汽车到学院去上课，下了课也不愿回家，仿佛将妻子视为透明人。

林徽因渐渐发现，二人关系的发展走向开始偏离了她单纯的想法。

云雀拍打着翅膀，春燕飞上了柳梢，徐志摩与林徽因沿着小溪悠闲地散步，走到拜伦潭，两个人坐在潭边，沐浴在春光中，低声交谈。电车的叮当声，送牛奶工人的叫喊声，草地上孩子们嘻嘻的欢笑声交杂在一起。这一刻，林徽因沉醉在美好之中，花香鸟语，世俗嘈杂，内心静谧。这个春天，也是徐志摩生命中的春天。后来，徐志摩在文章中回忆起这一段岁月："我这一辈子就只那一春，说也可怜，算是不曾虚度。就只那一春，我的生活是自然的，是真愉快的！（虽则碰巧也是我最感受人生痛苦的时期）……说也奇怪，竟像是第一次，我辨认了星月的光明，草的青，花的香，流水的殷勤……"

　　徐志摩此时疯狂迷恋着林徽因，甚至动了谈婚论嫁的念头。可是单纯的林徽因甚至还来不及去思考，自己内心的感受究竟是友情的共振，还是爱情的萌动。

③ 只是偶然

　　林徽因写下一封信,交予徐志摩。她直言,自己恐惧沸腾的热情,更怕伤害那个无辜的女人——张幼仪。

　　张幼仪的那双眼睛,经常会让她想起自己的母亲。她们都将人生的全部希冀放在丈夫身上,自己默默吞咽了那些怯懦、哀怨、妒忌与委屈,活在阴影里。林徽因不愿也不要,将一个女人推入如此境地。

　　年少时,林徽因曾经有过天真的想法,幻想过自己如何帮助母亲走出绝境,点亮母亲灰暗可悲的人生。如今,如果要她亲手将另一个无辜的女人推向和母亲一样的悲剧里,她,无论如何都是做不到的。

　　在林徽因看来,爱情不是一时冲动,而是两个人的温暖相守。诗人的感情固然真挚且狂热,但也天然带着她最恐惧的不安定。她既不会对自己的人生做出草率的选择,又不会残忍地掠夺他人的幸福。此时此刻，林徽因甚至感受到了深深的自责和恐惧，只想躲得远远的，回到故土那幽静的老宅里，安放自己那颗惴惴不安的心。

此刻的她只有一个心愿，就是逃离。她渴望灵魂被一生安放，不想要烟花绽放后的空虚与怅惘。

每个人都该拥有幸福的权利，年轻的心都一样悸动。但回归到现实，林徽因的理智与判断，没有给她沉沦下去的答案。这时候，父亲林长民成为保护女儿的坚强后盾，一边替女儿提醒徐志摩要理智，一边将女儿的婚事提上了日程。

相较于林徽因的冷静，在这场大梦中，徐志摩却不愿醒来。他知道前路渺茫，却依然没有退回原点的打算。这样的执念，让他做出了伤害妻子的举动。在德国柏林留学的张幼仪收到了丈夫的信：

真生命必自奋斗自求得来，真幸福亦必自奋斗自求得来，真恋爱亦必自奋斗自求得来！彼此前途无限……彼此有改良社会之心，彼此有造福人类之心，其先自做榜样，勇决智断，彼此尊重人格，自由离婚，止绝苦痛，始兆幸福，皆在此矣。

那个不顾一切追随丈夫的女人哭了。她还没有学会如何在这片陌生的土地上生存，就被这一柄弯刀剜了心。张幼仪终于明白，自己多年的隐忍，原来没有任何价值。

1922年3月，徐志摩与张幼仪签下了离婚协议书。在写下名字的瞬间，张幼仪竟然看见了丈夫眼中的狂喜。当回想起心碎的往事，她感慨道："我是秋天的一把扇子，只用来驱赶吸血的蚊子。当蚊子咬伤月亮的时候，主人将扇子撕碎了。"

林徽因为徐志摩的这个决定感到一丝恐慌。她不知道，自己虽然无意，却影响了一个无辜女人的人生。可她的疏远，她的拒绝，都丝毫没有减灭诗人的热情，改变诗人的决定。徐志摩任性的做法，也受到了很多长辈的谴责。梁启超就在书信中如此写道：

> 万不容以他人之苦痛，易自己之快乐。弟之此举，其于弟将来之快乐能得与否，殆茫如捕风，然先已予多数人以无量之苦痛。
>
> 若沉迷于不可必得之梦境，挫折数次，生意尽矣，郁悒佗傺以死，死为无名。死犹可也，最可畏者，不死不生而堕落至不复能自拔。呜呼志摩，可无惧耶！可无惧耶！

梁启超在信中没有提及林徽因，满满都是对爱徒的"情之深，责之切"。他甚至担忧徐志摩终会在"过度浪漫"这个问题上吃大亏。

不过,此时的徐志摩已经听不进去任何劝告。瞻前顾后从来不是诗人的特质,他不在意世俗的眼光,只想遵循自己的内心。在回信中,他说出了那句话:"我将于茫茫人海中访我唯一灵魂之伴侣;得之,我幸;不得,我命,如此而已。"

林徽因的理性,让诗人终究还是接受了他的"不得"。她希望徐志摩能早日达成梦想,不负一身诗意才情,成为闪耀文坛的一颗明星。

林徽因一直很清醒,明白自己始终只是把诗人当作知己而已,不会迷失在他那些动人心弦的诗句中。多年后,她说:"徐志摩喜欢的不是我,而是他诗人的浪漫想象出来的我。"

这世上有些人似乎为情而往,为爱而生。但遗憾的是,爱是两个人的交汇,不是一个人的焰火。

林徽因毅然做出了坚定的选择,但她也永远会记得那年的暗潮涌动,记得他灼热的目光、纯净的信仰。

爱,本就是诗歌的脉搏。他精致的金丝眼镜,长袍下清瘦的背影,他所背负的骂名,以及那不顾一切的热情,字句中绵密的忧愁,都是她回忆中永恒闪耀的星辰。

④ 再见，不眠夜

1915年，年仅十八岁的徐志摩迎娶了张幼仪。那一年，张幼仪只有十六岁。她是上海宝山人，曾在位于苏州的江苏省立第二女子师范学校就读，但是还未毕业，就由四哥做媒，嫁给了徐志摩。

多年以后，张幼仪回忆起往事，觉得这个故事的开端就充满了讽刺：一个崇尚婚姻自由的男人，被迫娶了一位从未谋面的旧式女子。

令人心碎的剧情拉开了序幕。徐志摩没有爱过张幼仪，一天也没有。在众人面前，徐志摩从不避讳对张幼仪的冷淡。1918年，徐志摩与张幼仪的长子徐积锴（阿欢）出生，不久之后，徐志摩就只身一人前往美国读书。

1920年，张幼仪带着阿欢前去英国探亲，然而想象中的阖家团圆并没有发生。当张幼仪漂洋过海来到丈夫的身边，才发现他已经疯狂地爱上了一个美丽的江南少女——林徽因。

但林徽因关于徐志摩的很多回忆,都是与诗歌联系在一起的。在她心中,徐志摩是一个领路人,是他带领她迈进了诗歌的天地,让她进一步领略了其中的奥妙与风采。

林徽因的好友费慰梅曾经撰文回忆道:"在多年以后听她谈到徐志摩,我注意到她的记忆总是和文学大师们联系在一起——雪莱、济慈、拜伦、曼斯菲尔德、弗吉尼亚·沃尔夫以及其他人。在我看来,他可能承担了教师和指导者的角色,把她导入英国的诗歌和戏剧的世界,以及那些把他自己也同时迷住的新的美、新的理想、新的感受。"

对于十六岁的林徽因来说,一切都显得突然而微妙,她既憧憬又害怕。矛盾的感情在内心不断地发酵,她感到迷茫,羞涩,害怕,当然更多的是喜悦。徐志摩的爱很浓烈,丝毫未因为有妇之夫的身份而有所收敛。林徽因是崇拜并且尊重徐志摩的,如导师一般;她也是依赖徐志摩的,如兄长一般。

她感激徐志摩带她打开了文学艺术的空间,为彼此的创作都增添了灵感。徐志摩是激情、创新、文艺、自由的代名词,他渊博的学识,开放的心态,独特的见解,坦率的为人,都深深吸引着林徽因。但林徽因更爱的是住在徐志摩身体里的那个小男孩,那个灵魂永远天真无邪,能够看透事物本质,崇尚纯粹的爱与美的小男孩。林徽因不得不承认,她对徐志摩的感情是不一般的。

1921年秋天,林徽因随林长民悄然回国。她怀揣着复杂的思绪站在船头,像油画中的女孩一样典雅俊美。

林徽因回国,并未向徐志摩辞行,她是有意不与徐志摩告别的。告别又能说什么呢？默默离开反而可以免得多生枝节。昔日火炉旁的长谈,草地上的低语,康桥的并肩相伴,都只能深深压在心底。

多年以后,林徽因和自己的子女谈及与徐志摩在英国的往事,感叹道:"我的教育是旧的,我变不出什么新的人来,我只要'对得起'人——爹娘、丈夫(一个爱我的人,待我极好的人)、儿子、家族等等,后来更要对得起另一个爱我的人,我自己有时的心,我的性情便弄得十分为难……"

林徽因离开英国后,徐志摩陷入了失恋带来的悲伤。1931年,徐志摩在《猛虎集》中这样写道:

> 整十年前我吹着了一阵奇异的风,也许照着了什么奇异的月色,从此起我的思想就倾向于分行的抒写。一份深刻的忧郁占定了我;这忧郁,我信,竟于渐渐的潜化了我的气质。

而十年前,正是林徽因转身离去的时候。这种思念与伤感,促使他创作了大量的文学作品。这一首《偶然》，普遍被认为是徐志摩在失恋后写给林徽因的作品：

> 我是天空里的一片云，
> 偶尔投影在你的波心——
> 你不必讶异，
> 更无须欢喜，
> 在转瞬间消灭了踪影。
> 你我相逢在黑夜的海上，
> 你有你的，我有我的，方向；
> 你记得也好，
> 最好是忘掉，
> 在这交会时互放的光亮！

几行诗句凝结了多少血与泪的因果，多少爱与恨的纠结？他带着一颗心跋山涉水，只是为了这一场"偶然"。哪怕终归都是过眼云烟，他也不后悔在那个瞬间被她的美好深深吸引。他知道，虽然缘分已尽，此刻只能欲说还休，假装轻描淡写，但深情之人，从来不会释然，也从来不打算忘却。

相比于徐志摩对爱情的疯狂与执着，林徽因是冷静理智的。她深知自己想要的是什么，每一步都尽在掌握之中。当她发现感情的洪流即将把理智淹没，就会残忍地选择暂停。

有人说林徽因冷静得近乎残忍，也有人说林徽因对待情感收放自如。其实说到底，只是彼时她遇到的人不对罢了。

第三章

灵犀 · 温柔自有万钧之力

❶ 最好的答案

世界是丰富的。欧洲带给林徽因的,除了浪漫,还有艺术与科学。与她分享这一切的,是温柔如水的梁思成。

有这样一句电影台词:"有些人会渐露平庸,有些人会小有成就,还有些人会出类拔萃。但你偶尔才能遇上一个光彩夺目的人。当你真正遇到的那一刻,才能明白其中的美好。"

林徽因回国的第一时间,梁思成立刻前往为其接风。他关切却不张扬,只是以绵柔的胸怀接纳着这个女孩子的所有心事。她热切地向他分享着一切,她的所见,她的所感,她的所思。在她的描绘之下,梁思成仿佛看到了一个令他心驰神往的世界。

许久后再度相见,林徽因觉得梁思成成熟了很多。他身上的谦和斯文,是很多同龄人所没有的。与他相处,林徽因总能感到一种踏实与安定。或许与诗人的激情澎湃相比,这样的相处少了些惊喜与意外,但林徽因更看重他身上的无限包容与平和,就像伦敦阴雨天里她最依赖的壁炉，可以给予她坚定的陪伴与温暖。

他的温柔，渐渐点亮了林徽因的双眸。那些谈不完的话题，讲不尽的心事，在两个人的灵魂中引发了共鸣，在他们的内心世界扎根生长。如果说，一个男人和一个女人能够凭借气息与荷尔蒙捕获对方的心，那么在梁思成与林徽因之间发生的，则是灵魂的彼此邀请。在这寰宇之中，被激情引发的爱慕随处可见，但在灵魂上的起舞却众里难寻。

她是幸运的，甚至因如此的幸运而招致嫉恨。但或许这幸运本就源自她的清醒自知，她明白自己所追求的情感，不是电光石火，而是理解与共鸣之上建造的内在联系。林徽因结束了那段长长的旅程，不只是告别过去，远离错误的情绪，也是将自己重新归零，去寻找真正渴求的情感。

在与梁思成相处时，当她一次又一次兴奋地同他描述那些伟大的建筑，当她情感充沛地向他说起那些使她流连忘返的艺术品，当她自然地拉起他的手，她仿佛忘记了时间的流逝，此刻，有一个声音正在悄悄告诉她，她找到了答案。

曾经，雨是挡在门外阻人玩闹的恼人之物；后来，雨是令人快活的可爱之物；再后来，雨中似有千言万语，有些能够读懂，有些使人迷茫。纵然那雨只是亿万年里不变的永恒，最终投入人心底的，却总有不同的意义。我们此时才明白，原来即便是风雨雪雷，即便是山川顽石，在不同的人眼里，都有着不同的模样。

曾经的她简单而稚嫩，尚不懂得人情往来的枝枝蔓蔓，而当她走过那些长长的街道，站在桥上看着远方的云和雾，聆听着奇妙的故事和传说，在那片陌生的国度里，蹚过了人生中第一条艰难的河流，感慨良多。她终于从往事中抽离出来，当再次回到故乡的土地上，在那熟悉的小巷中体会到了更多诗情，在熟悉的天空下寻到了更多画意。那个熟悉的人，似乎变得比从前更有温度。

这个世界最珍贵的不是完美的人，而是某个人从心底给你的真心与温情。在悠长的岁月里，他的真心与温情，其实是比诗歌更加浪漫的事物。

经历过烈火的灼烧后，她找到了令自己心安的家园。林徽因终究不是崇尚轰轰烈烈爱情的俘虏，更不是缠绵哀怨的悲情女主角，她是一个以艺术和美为人生导向的追梦者，一个愿为事业鞠躬尽瘁的理想者，一个渴望安稳人生的生活者，一个追求爱和理解的行路者。

林徽因就这样陷入了梁思成给予她的柔软又温暖的世界。这里没有动人悱恻的浪漫热情，没有热烈跌宕的戏剧冲突，却有着真实可靠的平静日常。

1922年9月，尚处于伤感中的徐志摩，接到了一则如晴天霹雳般的消息——林徽因与梁思成订婚了。那一刻，一直心存侥幸的徐志摩终于意识到，她永远不可能属于自己了。他们之间那根原本就细微的丝线，要彻底断开了。

徐志摩立刻改变了归国的行程，火急火燎地告别了心爱的剑桥，只为了去做最后的争取。他认为，只要她没有结婚，他便仍有机会。

这个决定对徐志摩自己而言，代表着追求爱情的勇气。但对林徽因与梁思成而言，他成了一个恼人的闯入者。

那段时间，林徽因与梁思成时常在北海公园的松坡图书馆约会。1916年，蔡锷将军病逝，为纪念蔡将军，梁启超以其字"松坡"为名创办了松坡图书馆。值得一提的是，松坡图书馆所在的石虎胡同七号自古便是名流的聚集地。曹雪芹在隐居创作《红楼梦》之前便在石虎胡同"右翼宗学"任教，西南王吴三桂、清代名臣裘曰修都曾在这里居住。

周末本是图书馆的闭馆日，但因为梁启超出任馆长，这对小情侣才有机会在这里互诉衷肠。

这世间总是有着许多奇妙的巧合。松坡图书馆外文部收藏了近一万册外文图书，归国的徐志摩竟然刚好是松坡图书馆的英文秘书。

从此，二人的密会就时常变作三人行。一边是情意绵绵的伴侣，一边是热烈执着的诗人，但林徽因心中早已有了答案，只是不知如何表达，才能将对徐志摩的伤害减到最小。

带着"电灯泡"的约会，终究是令人不快的。一次，当徐志摩再次不合时宜地出现在周末的图书馆时，他看到了门上贴着一张纸，上面用英文写道：情侣不愿受到干扰。

这一次，徐志摩终于意识到，林徽因已经不属于他的世界了。

彻骨的冷，浇灭了诗人的不羁与骄傲。爱情里，从来没有怜悯这回事，只有YES，或者NO。

那一张薄薄的纸，像是某种宣判，让徐志摩再次感受到了浓浓的悲哀与绝望。怀着这样的心情，徐志摩写下了诗歌《一个祈祷》："……我是肉薄过刀山，炮烙，闯度了奈何桥，方有今日这颗赤裸裸的心，自由高傲！这颗赤裸裸的心，请收了罢，我的爱神……"这祈祷，却注定是一个人的独白，没有得到任何回应。

在他心里，林徽因是他的诗情也是他的画意，是他的云是他的雾，是他对爱情的一切向往。他将她想作一切美好的事物，偏偏不能将她想作一个在平凡世界里正常生活的人。

细细品读林徽因与梁思成之间的交往会发现，其实在民国一些传奇爱情故事中，林梁二人并不算浪漫。或者准确地说，他们之间的浪漫，是时间赐予的。我们在历史的文字里，感受到的都是熟悉的生活的点点滴滴。

这些点滴很平常，它们发生在世界的每一个角落，带着浓浓的烟火气，是爱侣之间平实的动心与欢乐。

有时他们会去林间漫步，有一搭没一搭地说着一些大部分都会被忘掉的话语，不论他们说什么，做什么，都不重要，因为许多年后他们脑海中浮现的，就是阳光与树荫下彼此相依的身影。

　　他们的相处非常有趣，兴奋时相互携手，高谈阔论，时而也会分开各走各的，各自想着各自的心事。他们不需要手牵着手证明彼此有多么相爱，时刻都知道对方就在身边，感到很安心。或许正是这样的相处方式，才令他们决定要相伴一生。他们的频段是一致的，这看似简单，却是世人最难做到的，也是最美好的。

　　一日，林徽因在林间悠然踱步，沉浸在自己的所思所想之中，她不需要随时确定梁思成的位置，因为她知道他就在那里。每当她想起什么新奇的东西时，便会迫不及待地同他分享。可是这一次，当她心中燃起灵感的小火苗，却四处寻不到梁思成的身影。她有些纳闷，也有些慌乱，却看到了不知何时攀爬到树顶的梁思成，忍俊不禁。

　　有些不好意思的梁思成告诉林徽因，因为刚刚在体育课上学会了凭臂力徒手攀高，就单纯地想向她展示一下。林徽因觉得好玩又好笑，因为这与她平日见到的梁思成不一样。她夸赞梁思成的灵活矫健，并在他脸上看到了孩童得到糖果时的那种满足感。站在新旧时代的交界处，两个人带着相互欣赏的才情，也带着赤诚的简单与直白，认定了彼此。

　　平日里沉稳严肃的梁思成，在爱人面前变得孩子气十足。他们时常会做些傻里傻气的事，在旁人看来很可笑，但在对方看来却可爱极了。这种心情，或许只有真正沉浸在爱中或曾经沉浸在爱中的人们才会懂得。而就是这样简简单单的情感，把这世界装点得如此美丽。

❷ 陪伴，是最深情的告白

1923年5月7日，梁思成骑摩托车带着弟弟梁思永一同去参加学生游行。那是一个阳光明媚的星期一，在家国危难之中，青春热血的大学生们自发地在大街上扯起横幅，举行"五七国耻日"（1915年5月7日，日本政府针对向袁世凯提出的卖国"二十一条"发出最后通牒）游行。

他们驾驶着大姐梁思顺从菲律宾给买来的摩托车，从梁家住的南长街去追赶游行队伍。或许上天就是喜欢在美丽的故事中加入一点曲折，那一天，梁思成正怀着满腔热忱骑着摩托车向前行驶时，却被一辆横冲直撞的轿车迎头撞上了。弟弟被甩了出去，梁思成则完全被摩托车压住了，昏迷不醒。

轿车的主人是北洋军阀金永炎，当时是大总统黎元洪的心腹。撞了人之后，司机完全没有查看被撞者的伤势，竟然扬长而去。梁思永半天才回过神来，连忙一瘸一拐过去看哥哥，发现他已经不省人事,便急忙回家去叫人。梁思成被送到协和医院救治,作为他未婚妻的林徽因也第一时间赶到了医院。

林徽因第一次体会到,害怕失去一个人是怎样的滋味。过去的种种,是爱情也好,是陪伴也好,是欢笑也好,是理想也好,此刻仿佛都变成了最浓的牵挂。她不能容许也不能接受,梁思成在自己的世界里消失。如果失去,那不仅仅是失去一个朋友、一个爱人,更是失去了生命至关重要的一部分。

所幸这场车祸并没有酿成太大的后果,尽管他的右腿被压断,但并无大碍,没有伤到腰椎。梁思成缓缓睁开眼,恢复了意识,开口的第一句话竟然不是诉说恐惧与疼痛,而是表示"身体发肤受之父母,他未能保护周全,于心有愧"。父亲梁启超听在耳中,更是感到心疼,他耐心地宽慰着梁思成,希望儿子能早日恢复健康。所有人都在梁思成苏醒那一刻放下心来,只是后续仍需住院治疗,亦不可掉以轻心。

在梁思成住院的这段日子里,林徽因居然变成了一位成熟懂事的"护工"。她自小虽谈不上娇生惯养,但也是被家人呵护着长大,从未接触过生活的苦楚,更未做过什么累活重活,可如今她却要肩负起照顾一个病人的重任。

梁思成在医院住了三个月,林徽因就照顾了他三个月。这次意外对两人关系发展的影响至关重要,它不仅让他们懂得了彼此的重要,还让这段爱情落地在现实的土壤里,开出花来。如果说与徐志摩的相处，令她懂得了什么叫浪漫，与梁思成的恋爱，令她明白了什么叫爱情，那么在照顾梁思成的这些日子里，则使她体会到什么叫相守。

照顾梁思成，并没有令林徽因感到烦躁或疲惫，相反，肩上的责任给了她更多的勇气和力量。她努力让他保持轻松的心情，和他一起度过这段艰难的日子。

从前，她的爱情只有浪漫与欢笑，而今，她的爱情多了一份责任。原来，爱情不只是简单的相互取悦，一段真挚的爱情，有一种带人走出低谷的力量。林徽因带给梁思成的，正是这样的力量。她每天为他读报纸，然后一起分享各自的见解。当梁思成感到身体不适时，林徽因就像医院的护士那样帮他翻身，为他按摩。许多结婚多年的妻子尚做不到的事，这样一个年纪轻轻的女子却做得如此坦然。这一切，梁家人都看在眼里。

与其说他们在患难期间培养了更深的感情，不如说这种感情原本已经存在于他们之间，只是在非常时期充分体现了出来。

梁启超县全克制不住小小的窃喜，认为自己是个顶级厉害的"红娘"。因为在此之前，他还曾为长女梁思顺介绍了中国驻菲律宾大使馆总领事周希哲，他们两个人已经走入了婚姻殿堂。梁启超不禁觉得自己的眼光和做法都是一流的，既没有以长辈威严为难孩子们，又以精准的眼光为他们谋得了真爱。

看着林徽因和梁思成的感情越来越好，梁启超想要把一对小儿女的婚事尽快定下来。不过转念一想,两人还有学业未完成,只好暂缓这个计划。

《北京晨报》整篇刊登了梁思成车祸的消息,因为梁启超是举足轻重的人物,一时间金永炎受到了舆论的谴责。金永炎只得来到医院探视梁思成,并在记者面前道歉,承诺负责所有的治疗费用。梁思成看懂了他的作秀,但也没有怨他。这场车祸给梁思成留下了终生的伤痛,但也送来了他终生的"止痛药"——林徽因。

住院期间,梁思成不愿荒废人生,在病床上也坚持读书学习,每当有所感悟,便会同林徽因探讨。他们之间交流的,都是比情情爱爱更加丰富精彩的内容。激情会褪色,青春会凋零,容颜会老去,但灵魂的丰盈是永恒的。

这是一场漫长的治疗。梁思成的腿一共动了五次手术,最后还是留下了问题,右腿比左腿略短一截,背部也因脊柱受损而加上支架。在旁人看来,他变成了一个身躯僵硬,走路一瘸一拐的跛子。

对于一位青年才俊来说,这是很难接受的现实。他曾经有多么意气风发,此时就有多么沮丧。梁思成有坚毅的内心,可也难以做到毫不在意。林徽因也无法做到。她并非嫌弃,而是在意他的感受,在意他的痛苦,在意他的悲愤,在意他的脸上比从前增添了几许沧桑。

看着躺在病床上的梁思成,林徽因不由得回想起洒满了阳光的那一天,梁思成在树上向她招手,并骄傲地说道:"我会用臂力徒手攀高!"那天他从树上轻盈地跳下来,稳稳落地,笑着走向她。那幅画面仿佛就发生在昨天,今后却难以再现。

苦难充斥在人间,有人被苦难击倒,从此一蹶不振;有人被苦难吓坏,于是落荒而逃;也有人在苦难中迎头直上,燃起了熊熊斗志;还有人选择默默承受,背负着苦难继续生活。在爱情的世界里,苦难可以击碎爱情,也可以令爱情更加坚固。

这场意外令瘦弱的林徽因更加懂事成熟,也更明白自己想要什么——她要在有限的人生里,与这个牵动她所有心弦的人相伴一生。

③ 点滴皆欢愉

女子对于伴侣的选择,关乎一生的幸福。林徽因决定嫁给梁思成,因为她觉得梁思成虽然是个慢性子,却有着坚实的臂膀。他虽不善言辞,也不善于处理繁复的琐事,但他总是给对方支持,也会给对方最大的尊重。这样的男人,能给予她一生的幸福。

《小王子》里有这样一句话:"最好的爱情,并不是终日互相对视,而是共同眺望远方,相伴而行。"他们不只是沉浸在你侬我侬中的情侣,更是志同道合的伙伴,可以在各自的理想征途中携手努力。

那个时代给了年轻人一个巨大的璀璨舞台。除了建筑学,林徽因对诗歌也很热爱,她愿意用自己的微小力量,参与到推动中国新诗发展的事业中去。

回国后的徐志摩,立志要创办一个诗社、一个月刊。很快,他召集一些朋友成立了诗社,以印度诗人泰戈尔的《新月集》为依据,将其命名为"新月社","我们舍不得新月这个名字,因为它虽则不是一个怎样强有力的象征,但它那纤弱的一弯分明暗示着、怀抱着未来的圆满"。这是徐志摩写在《新月》创刊号上的一段文字,清晰描述了他对诗社寄予的希望。

徐志摩相信,新月社的成立将会唤醒那个时代的纯粹灵魂,帮他们拨云见日。在世俗之间挣扎的年轻人,也要抬头望见新月的皎洁和温柔,"爬梳这壅塞,粪除这秽浊,浚理这淤积,消灭这腐化,开深这潴水的池谭,解放这江湖的来源。信心,忍耐。……要从恶浊的底里解放圣洁的泉源,要从时代的破烂里规复人生的尊严——这是我们的志愿"。诗人用自己的肩头扛起了一个时代的重担。

新月社崇尚自由主义,它所提倡的新诗在中国近代文学史上是浓墨重彩的一笔。徐志摩、闻一多等人提出了新格律诗的主张,崇尚"理性节制情感"的美学原则。徐志摩的《再别康桥》、闻一多的《死水》、孙大雨的《自己的写照》等都是新月派的佳作代表。林徽因也是新月派的忠实拥趸,因经常参加新月派的活动,她在诗歌创作上颇有长进,她的《笑》《深夜里听乐声》《情》等诗歌都曾入编《新月诗选》。

作为新月派的代表诗人,林徽因的作品充满了浪漫主义气质,还带有古典主义风韵。

1924年4月,新月社迎来了创社以来的大事。曾获得诺贝尔文学奖的印度伟大诗人泰戈尔来到中国,轰动了当时中国的整个文化圈。泰戈尔来华期间的一切翻译工作都由徐志摩和林徽因担任。

文学的魅力,可以跨越语言,穿越国度,引起全人类心灵深处的共鸣。当时,泰戈尔的诗歌在中国极受欢迎,《飞鸟集》《吉檀迦利》等作品鼓舞着许许多多的人。我国很多作者在文学创作中都受到过他的影响,这便是大师的魅力。

那一天,风轻柔得仿佛知晓天地间的诗意,阳光暖暖的,如情人的手那般温柔。"热田丸"号在上海靠岸,甲板上站着一位老者,他银白的胡须闪烁着光芒,反衬得那棕红色长袍和软帽就像一团明艳的火。岸边的人们欢呼鼓掌,热情地迎接他的到来。

梁启超、蔡元培、梁漱溟、辜鸿铭等大批中国文化名流,都赶来为泰戈尔接风洗尘。泰戈尔为众人的热情所感染,他虔诚地表示,这次并非为了旅行或者传教,而是因为敬仰中华文明特意来此膜拜和学习。大家都被他的谦虚和诚恳所打动,纷纷牵头为他办了多场演讲。每一场演讲都观者、听者如潮。

在日坛草坪的一次演讲上,林徽因搀扶着泰戈尔先生缓缓走上演讲的舞台。一个清瘦美丽的女子与一位善良仁爱的老者,在步履间呈现了独属于他们这个时代的诗歌与画卷。跟随在旁的是徐志摩。

这一刻，被记录在历史的画卷中。"林小姐人艳如花，和老诗人挟臂而行，加上长袍白面、郊寒岛瘦的徐志摩，有如苍松竹梅一幅三友图。徐志摩翻译泰戈尔的演说，用了中国语汇中最美的修辞，以硖石官话出之，便是一首首小诗，飞瀑流泉，琮琮可听。"

当天的《晨报》如此报道："午后二时，即有无数男女学生驱车或步行入坛，络绎不绝，沿途非常拥挤。讲坛设在雩内之东坛（即一品茶点社社址），坛之四围布满听众，有二三千人之多。京学界各团体之代表均聚集坛上，天津绿波社亦派有代表来京欢迎，至三时零五分泰氏始到，乘坐汽车至雩坛门前下车，林长民为导，同来者为其秘书厚恩之、葛玲女士及林徽因、王孟瑜女士并梁思成等。"

尽管浮世匆匆，但那一瞬间的美好被保留了下来。众人惊叹着林徽因的美好，赞美着徐志摩的风华，歌颂着泰戈尔的智慧。

④ 你和阳光都在

徐志摩的一片痴心，打动了泰戈尔。在来华访问期间，泰戈尔多次探询林徽因的想法，希望他们能够修成正果。

但泰戈尔也明白，落花有意，而流水无情。世人眼里再相配的佳人，敌不过佳人已心有所属。

在这一对年轻人身上，泰戈尔既感到青春的美好，又感到些许遗憾。为此，他作了一首诗：

天空的蔚蓝，
爱上了大地的碧绿，
他们之间的微风叹了声，"哎！"

那年5月8日，泰戈尔在中国过的生日，新月社为他举办了生日宴会。参加宴会的都是当时的文化名流，泰戈尔收到许多珍贵又极富文化气息的生日贺礼。也就是在那一天，梁启超送给了泰戈尔一个中文名字——竺震旦。

宴会上，大家为泰戈尔演出了一场戏剧，正是泰戈尔所著的《齐德拉》。林徽因化身为剧中的女主人公齐德拉，徐志摩化身为剧中的爱神。爱神从天而降，盗来天上的美酒送给美丽的齐德拉。

这个故事取自印度史诗《摩诃婆罗多》的情节：齐德拉是马尼浦国王的女儿，生来不美。在马尼浦王系中，代代都有一个男孩传宗接代，但齐德拉是他的父亲齐德拉瓦哈那唯一的女儿，因而被父亲当成儿子来培养，立为储君。

邻国的王子阿顺那在还苦行誓愿的路上，来到了马尼浦。一天，王子在山林中坐禅时睡着了，被上山行猎的齐德拉唤醒，并一见钟情。齐德拉生平第一次感到，她长得不美是最大的缺憾，失望的齐德拉便向爱神祈祷，请求爱神赐予她青春的美貌，哪怕只有一天也好。爱神被齐德拉的诚心感动了，答应赐予她一年的美貌，齐德拉一变而成为如花似玉的美人，赢得了王子的爱，并与其结为夫妇。可王子表示敬慕那个平定了盗贼的女英雄齐德拉，而他不知他的妻子就是这位公主。于是，齐德拉请求爱神收回她的美貌，在丈夫面前显露出她本来的面貌。

在这幕戏的最后，爱神帮助齐德拉达成了心愿，齐德拉与王子有了一个圆满的结局。无论戏内戏外，徐志摩仿佛都注定要扮演那个成全林徽因的角色，成全她的幸福，却在自己心中种下了荒芜。

当舞台的灯光亮起，齐德拉如莲花一般站在中央，清丽的脸庞好似一轮新月。所有的观众都被她的美打动了。剧终之后，泰戈尔走上台去拥抱这位美丽的中国少女，赞不绝口地说："马尼浦国王的女儿，你的美丽和智慧并不是借来的，是爱神早已给你的馈赠，不只是让你拥有一天、一年，而是伴随你的终生，你因此而放射出光辉。"

台上的徐志摩，已分不清是戏还是现实，看不清是爱还是感动。那台词究竟是戏文还是真心？那故事究竟是演给台下的人看，还是唱给台上的自己听？戏中人演得动了情，打动了他的是此刻的故事，还是回忆里的曾经呢？

精彩的戏剧呈现，需要每个演员的全情投入。台上的两个演员，一个已分不清戏与人生，另一个又何尝不是已悄然入戏呢？在她心中，他永远都是那个极富感染力的诗人。

那段日子对徐志摩而言是快乐的，因为在陪伴泰戈尔的契机下，他们时常聚在一起，如老友般谈着天。

奈何欢乐的时光总是那么短暂，泰戈尔不会在中国停留太久。于他而言，这里的一切尽管欢乐，却仍旧是一段离家的旅程，他仍然要回到他的家乡，即便这里的人已如同亲朋。

作为忘年之交，徐志摩与泰戈尔一同离开，直到将他送回自己的祖国。林徽因则留在北平，因为几天后，她便要同梁思成一起去美国留学。

梁思成才是能够与她一同实现人生理想的人。在与徐志摩相处的日子里，总是徐志摩在说，而她在听，而在梁思成的身旁时，他们是在互相倾诉、互相倾听。他们是知己，是向着同一个目标奋斗的同路人。

得知林徽因和梁思成要一起出国学习，徐志摩像是心中被重重地砸了一锤。在这短短的共同为泰戈尔做翻译的日子里，他并不是没有过希望，甚至当她对着他笑，对着他流露出满满的欣赏时，他觉得，仿佛她已经回到了他身边。他们是如此相配，怎么可以错过彼此？

徐志摩本就充斥着许许多多不切实际的幻想，他活得太理想主义，也太浪漫主义，他看待世间的一切仿佛都是蒙着雾的，透过层层迷雾，看到的都是美好朦胧的东西。

林徽因的离开再次刺痛了他。他仿佛做了一场梦，而这梦顷刻就醒来了。

那一天，当徐志摩陪同泰戈尔坐上离开的火车时，林徽因与其他人一同来送行。当火车缓缓驶出站台，徐志摩知道，这并不仅仅是一次简单的告别，而是一次几乎再难相遇的离别。他也清楚，使他们之间的距离渐渐变得遥远的，并不是这辆火车，而是他们人生中渐行渐远的奋斗方向。

徐志摩心如刀绞，他拿起笔，在悲伤之下只能用笔和纸倾诉自己此刻的心情。

> 我真不知道我要说的是什么话，我已经好几次提起笔来想写，但是每次总是写不成篇。这两日我的头脑只是昏沉沉的，开着眼闭着眼都只见是大前晚模糊的凄清月色，照着我们不愿意的车辆，迟迟地向荒野里退缩。离别！怎么能叫人相信？我想着了就要发疯，这么多的丝，谁能割得断？我的眼前又黑了！

写完这段话，他的脸上已经全是泪水。他想冲下火车，将这封信递到林徽因手中，却被泰戈尔的秘书恩厚之拦了下来。疯狂终究是徒劳，抛出所有真情，留下的不过是狼狈不堪的自己。

当徐志摩冷静下来，他才意识到，自己应当对恩厚之的阻拦心存感激，因为若非被阻拦，他便会遭到更多的拒绝。她的离开已是必然，他又如何能阻止呢？

徐志摩又何尝知道，看着火车的离开，林徽因也未尝不是百感交集。

徐志摩一直觉得，自己在感情上是个纯粹如水的人，他却不知，她比他更纯粹。若爱，她便要全心投入；若不爱，她决不拖泥带水。

他忽然记起了一首诗。当初在康桥的时候，林徽因曾用纯正的英文腔给他朗读：

> 我将含笑做一个殉道者而死亡，
> 对着那爱情的不流血的神龛。
> 为了心底的宝藏，你愿以身殉，
> 如果我也拥有如此珍贵的宝藏，
> 我决不愿拿它换取高龄，
> 换取干瘪的两颊和白发苍苍。

冥冥之中，一语成谶。他将从此尘封往事，将全部热情化为一生的默默注视，愿她有爱相随，平安喜乐。

不久后，林徽因和梁思成赴美留学的事情尘埃落定，船票已经订好。回想起上次离开祖国，陪在身边的是父亲，这一次则是挚爱。过往种种，她在心里默默贴上了封印。未来的征途，有梁思成与她一起面对。他们将一起共迎风雨，走向崭新的未来。想到这里，她笑了：只要身边有你，走到天涯海角也不怕。

他们拉起彼此的手，来到了美国宾夕法尼亚州。再次置身陌生的国度，看着街道里高挑修长的身影穿梭来去，他们开始了新的生活。

两个年轻人的目标很清晰，就是进入宾夕法尼亚大学建筑系学习。1924年，著名的法国建筑师保尔·P.克雷创立了该建筑系。克雷本人于1896年进入巴黎美术学校学习，在建筑设计和建造等方面颇有造诣。

克雷作为巴黎美术学校的优秀毕业生，当他设计的华盛顿的泛美联盟大厦、联邦储备局大厦和底特律美术学校等漂亮建筑物在竞赛中获奖时，他的天赋与才华得到了充分的证明。可以说，克雷创立的宾夕法尼亚大学建筑系，就是林徽因与梁思成的梦想之地。

他们并没有闲心欣赏街边风景，而是迅速赶到伊萨卡的康奈尔大学。他们必须在暑假期间去这里选修补习功课，成绩通过之后才能到宾夕法尼亚大学去注册。同他们一起做伴的，还有梁思成在清华大学时的同窗陈植。他们三个人急匆匆在康奈尔大学落下脚，准备突击学业。

为了更好地生活和学习，梁思成租下一间小公寓。面积虽不大，但是有一个精致漂亮的阳台，梁思成一眼就看中了，觉得林徽因一定会很喜欢。果然，林徽因雀跃地飞奔向阳台，对黑色的雕花栏杆爱不释手。此后，他们休息时经常站在阳台上眺望远处的青山。

作为美国东部的一座小城，伊萨卡全城不过万余人口，康奈尔大学的学生就占了大半。林徽因惊喜地发现，这里的建筑物只有奶黄色和浅灰色两种色彩，它们搭配在一起是那样和谐，远远看去就像一幅淡雅的水彩画。

在康奈尔大学的学习生涯正式开启，林徽因选了两门选修课，分别是户外写生和高等代数。梁思成则选了三门，分别是户外写生、水彩和三角静物。他们时常会挑选一个天气晴好的日子，一起去户外踏青写生。

林徽因颇为喜欢这里的教学方式，更加纯粹自由，不为学生设限。她经常穿梭在康奈尔大学的校友会，那是一幢奶黄色的楼房，大厅里挂着历届优秀校友的油画肖像，长条桌上陈列着所有的毕业生名册，记录着他们在学术和社会事业上的成就，以及他们对母校的捐赠，让人油然生出一种自豪感和归属感。

然而，生活并不总是一帆风顺。梁思成收到一封信，来自姐姐梁思顺。受母亲的影响，梁思顺也对林徽因不甚接受，所以在信中对林徽因评价不高，并告知弟弟，母亲是不会接受这个儿媳的。

其实，在泰戈尔来中国时，当林徽因与徐志摩出演完那部轰动一时的舞台剧，引发无数议论的时候，梁思成的母亲李蕙仙就不大开心。她很介意林徽因和徐志摩之间的流言，希望未来儿媳可以全心全意地对待自己的儿子。

李蕙仙出身名门，堂兄是前清礼部尚书，她二十三岁时嫁给了梁启超。她年长梁启超四岁，料理起家事来颇为精明能干，因此在梁家说话颇有分量。姐姐梁思顺比梁思成大八岁，深得父亲的疼爱。梁启超一直亲昵地喊女儿"大宝贝",并将她的书房起名为"艺蘅馆"。艺蘅馆主人果然颇具文才,编成了传诵一时的《艺蘅馆词选》。

此时,出于某种误解,母女二人不约而同地都对林徽因表示了不认同,让梁思成一时间不知道如何处理这个难题。

因为在意,所以不能释怀。未能获得梁母的认同,林徽因内心受到了重大打击。她开始失眠,因为休息不好变得日益憔悴起来。梁思成心疼极了,但也无法强硬地回应母亲。他在两难中给姐姐回信,希望姐姐能够在母亲面前为林徽因美言几句。

林徽因向梁思成提出,让他先去宾夕法尼亚大学,自己想留在康奈尔大学。梁思成无法接受,这简直就是分手的预兆。他们之间发生了第一次争吵,随后陷入冷战。

在剧烈的情绪波动下,林徽因病倒了,发着高烧。梦里,她孤身一人,如母亲一样生活在一个阴暗的院子里,只能触碰到冰冷。她想呼喊梁思成,却发不出声音。

在病床上醒来后,她发现梁思成一直在床边陪伴着自己。两个人默默对视着,一切尽在不言中。无论前路有多少坎坷,他们都要一起携手面对。林徽因看着床头的一束带着山露的野花,那是梁思成为她摘来的,她终于有了笑意。

经过一个多月的补习,林徽因和梁思成顺利通过了考试。他们即将迎接新的求学生涯,去往美丽的费城,进入宾夕法尼亚大学学习。

费城位于两条河流涨潮时的交汇处，风景独特，宾夕法尼亚大学就坐落在其中一条河流的西侧。它与哈佛大学、斯坦福大学，是美国民众公认的最好的三所高等院校。尤其是梁思成后来就读的建筑研究院，更是宾夕法尼亚大学各类学科中的翘楚。

在申请注册入学的过程中，林徽因再次遇到些小变故。校方表示建筑系不招收女生，原因倒不是性别歧视，而是建筑系的画室要开放到很晚，考虑到不安全的因素，所以一直没有招收女生的计划。林徽因只得临时更改计划，转报美术系，将建筑系的课程列为选修课。在宾夕法尼亚大学的档案中，清楚记录着自1926年开始，林徽因担任着建筑设计系教授助理一职，甚至同时担任建筑设计课程辅导员的职务。不服输的林徽因用实际行动证明，理想凌驾于一切之上，她要用自己的能力赢得大家的认可，打破世俗的界定。

人生哪有一马平川的坦途，总会有难熬的夜、难醒的酒。可是生命的价值和意义，就在于我们可以战胜那些困难，找到内心的安宁与永恒。当冲破了那一层心墙，林徽因感觉自己变得更加坚韧了。

她相信，世间没有什么困难可以熄灭理想，也没有什么坎坷可以分开两颗相爱的心。

第四章

展翅·一身诗意千寻瀑

❶ 俗世中的璀璨星河

像鸟儿找到了属于自己的天空,在宾夕法尼亚大学读书的林徽因快乐、坚定地向着理想的目标奋斗着。

在宾夕法尼亚大学校园里,她是带着神秘气息的东方美人,还是留学生中有声望的学霸级人物。她性格活泼开朗,英语也说得十分流利,使得每一个跟她接触过的人,都感觉如沐春风一般。唯一令她感到不好意思的是,她在做作业时总是因为太过放任自己的想象力,把一张绘图这样涂涂,那样改改,最后乱得不成样子。

每当到了需要交作业的时候,她只好向万能的梁先生求助。梁思成总是可以巧妙地拯救她的绘图,并且从来不会因此责怪她。对林徽因,梁思成总有着用不完的好脾气。事实上,林徽因那天马行空、层出不穷的奇妙想法也是梁思成灵感的源泉。而这丰富的灵感,正是成为一名优秀的建筑师必不可少的条件,因此，他高兴还来不及，又怎么会去责怪这个思维发散、想象力独特的伙伴呢？

林徽因对建筑学是发自心底的热爱。她说："我曾跟着父亲走遍了欧洲。在旅途中我第一次产生了学习建筑的梦想。西方的古典建筑启发了我，使我充满了要带一些建筑学知识回国的欲望。我们需要一种能使建筑物数百年不朽的建筑理论。"

在校园的角落里，经常可以看到林徽因认真学习的身影。她通常喜欢坐在靠近窗户可以看到窗外风景的位置，身体倾向绘图的桌子，瘦瘦弱弱的身躯趴在巨大的草图上，全身心投入在建筑设计的线条间。

林徽因的成绩始终是首屈一指的。每当她的建筑习作与其他同学的作品一起出现在判分墙时，她大多会占据第一名的位置。在课堂上，她时而一脸认真，不苟言笑，时而金句频出，逗笑全场。课堂之外，林徽因拥有一种天然的凝聚力与吸引力，和大家打成一片。

在学术领域，林徽因受美国自由思想的浸润，总是能够不断地革新认知，创意频现。温润的梁思成则相反，他更加推崇前人的理论和经验，因此常常泡在自己感兴趣的各种建筑学书籍中，直到将它们完全吃透为止，做学术研究总是一丝不苟，甚至有点儿"书呆子"气。据说，梁思成有一本宝贵的笔记，里面不仅详细记录了各位教授讲课的精华内容、各种建筑的史料，还有他自己辛勤整理的各种研究数据及分析评价，其学术用功之程度，由此可见一斑。正因为如此，梁思成才得以成为一代建筑大师。

有一次，梁思成亲自为林徽因设计制作了一面铜镜。这面铜镜做工精细，边角光滑，背面饰以卷草纹环绕的飞天浮雕，线条十分流畅，旁边还刻了一段小字："徽因自鉴之用，思成自镌并铸喻其晶莹不钰也。"林徽因十分喜爱这面铜镜。梁思成笑着告诉她，他曾经拿着这面铜镜去请专门研究东方美术史的教授进行年代鉴定。教授因看不懂铜镜背后所刻的文字，便断定它是北魏时期的作品，见梁思成笑而不语，教授才知道这个学生又淘气了，对梁思成夸赞了一番。听了梁思成的话，林徽因捧着铜镜笑得更加开心了。

在学习之余，林徽因喜欢拉着梁思成一起散步。从宾夕法尼亚大学北面的黑人聚居区到费城热闹的集市，他们总能发现很多细微的动人之处，发现凡尘俗世中的小美好。

黑人聚居区的街道歪歪扭扭的，到处都是乱丢的垃圾，住房也高低不一。有时候，看到林徽因的黑人还会不礼貌地冲她吹口哨。不过，对于这些，林徽因并不在意，而是包容地一笑了之。她更关注的是墙面上那些奇形怪状却有着独特艺术感的涂鸦漫画。

到了热闹的集市，在琳琅满目的商品中，林徽因最喜欢一家油炸燕麦包的小摊儿，还会趁机买上一些新鲜的蔬菜和水果，改善一下伙食。梁思成更钟爱黎巴嫩的香肠和瑞士的干奶酪。他们的老同学陈植却对这里的食物都不怎么习惯,可能是因为他太钟爱祖国的美食了。

除了逛集市,在天气晴好的时候,林徽因和梁思成也会叫上陈植,三个人一起雇上一辆马车,到附近的蒙哥马利等小城郊游。那里有林徽因和梁思成十分感兴趣的奇特的盖顶桥梁,也有陈植最爱的美式乡村田园风光。别有风情的景色常常令他们三个人流连忘返,直到夕阳西下他们才回去。

不过,林徽因拉着梁思成去得最多的地方,恐怕还要数宾夕法尼亚大学的博物馆。

宾夕法尼亚大学的博物馆虽然鲜为人知,却是真正的"低调奢华有内涵"。许许多多的国家级瑰宝被珍藏其中,包括当年唐太宗的两匹知名坐骑——"拳毛䯄"和"飒露紫"。这是贞观十年时,唐太宗特意命画家阎立本绘制的骏马图的一部分,还有四骏分别是"白蹄乌""特勒骠""什伐赤"和"青骓"。

当年,阎立本将李世民在创建唐王朝时期所乘用的六匹坐骑的形象分别雕刻在六块巨大的、长方形的石灰岩上,并在右上角注刻了每匹坐骑的名字和唐太宗的批语。这些石雕原本被存放在昭陵,却因为帝国主义的入侵而辗转落入宾夕法尼亚大学的博物馆中。

看着我国的文物被俘获至异国他乡,中华儿女想要一睹它的风采，竟然还要远跨重洋，林徽因不禁感慨万千。

转眼到了1926年，不知不觉，他们已经在美国生活了四年之久。

此时，林徽因的一位美国同学因为要给自己家乡的《蒙塔纳报》写访问，于是向林徽因发起了邀请。林徽因大方地接受了这次邀请。

在采访中，林徽因谈起自己跟随父亲林长民到欧洲游学的经历。她愉快地告诉采访者，当时的她其实不过就是个懵懂的中国小姑娘，但在亲眼看见了那么多美丽又写满故事的欧洲建筑后，成为一名建筑师的心愿就深深埋在了她心里。但是在当时的中国，拥有这种想法的女孩还是很少的。绝大多数的中国女孩可能会想要成为温柔的护士、安静的作家或者优雅的老师。建筑师？她们是不太敢想的。

事实证明，这是一个非常正确的决定，使她得以成为一位出色的女性建筑学家，在中国的建筑史上留下一缕独特的幽香。

林徽因明白，这位美国同学对她的采访，除了出于对她的好奇，也有对中国文化的好奇与窥探。她毫不避讳地坦言，家里那些姑姑、阿姨们开始并不支持她到美国留学，理由是她们认为美国的女孩太过开放，怕林徽因受她们的影响，把一些"坏习惯"学回来。因此，刚到美国的时候，林徽因一度默默地与美国女孩保持着距离，可渐渐地，她越来越懂得美国女孩的可爱之处。

即便同样是金发碧眼、轮廓立体的美人儿，美国女孩与英国女孩也有很大的不同。因为英国女孩接受的文化教育同中国女孩有相似之处，也多是"名门淑女"式的，所以在与人交际时较为谨慎和矜持。美国女孩则没有那么多的拘束，十分开放。最重要的是，在林徽因看来，美国女孩拥有一种追求自由的精神。在当时的中国，出身和家庭几乎决定了一个女孩的人生和价值。林徽因认为，一个女孩应该有自己独立的价值观，不应该受世俗眼光所限。

在宾夕法尼亚大学读书的林徽因，其实就是在践行她的这一观念。爱情固然重要，但她不需要用它来证明自己的价值。一个女人必须拥有属于自己的天地，才能掌握自己人生的天平，而不至于在世俗的羁绊中迷失自己。幸运的是，林徽因渐渐长成了这样的女子。

更幸运的是，在她的成长历程中，那个温暖如歌的男子始终陪伴在她身边。梁思永曾经送给林徽因和梁思成一副对联，"林小姐千妆万扮始出来，梁公子一等再等终成配"，横批是"诚心诚意"。这说的是在宾夕法尼亚大学读书时，林徽因因为很在意自己的形象，每次与梁思成约会前都要装扮得无可挑剔之后才肯出门，而梁思成就不得不在楼下多等上半个小时之久。而即使如此，梁思成也从未晚出过门，因为他担心如果去晚了，万一林徽因提前下楼，却没有看到自己等她的身影，她会失望的。而他，见不得她失望。

由此可见，梁思成对林徽因的爱慕和包容是何其深沉。在异国他乡，两个人相互陪伴，又各自成长；相互依恋，又各自独立。这样的故事，像极了话本里的爱情，令人感叹，让人羡慕。

❷ 一夜长大

　　林徽因在宾夕法尼亚大学的生活，一切似乎都是那么顺心如意。然而，人生总是福祸相依，没有谁的人生永远一帆风顺。林徽因的生活，从她发现梁思成总是欲言又止的神色开始，走向了一个令人心碎的意外。

　　原来，梁思成的母亲身体一直不太好。在梁思成出国之前，老太太的癌症已经复发。可怜天下父母心，老太太即使病痛难忍，内心一万个不愿同儿子分别，但还是不希望拖儿子的后腿，所以依旧强颜欢笑，支持他出国深造。然而，随着病情恶化，家人都很清楚，老太太已经撑不了多久了。1924年8月中旬，梁启超曾经写信给一个朋友说，他已决定让梁思成回国，以尽他应尽的孝道。

　　这时，梁思成到美国仅一个多月。但对于孝顺的孩子来说，母亲病危的事胜于一切。梁思成在接到父亲的电报后，立刻准备回国，没想到已经来不及了。

只为床前尽孝的远行还未开启，噩耗已经传来。1924年9月13日，他的母亲去世了。没能见到母亲最后一面，梁思成深深自责，陷入了无限的懊悔与悲伤中。可时间不可逆，即使他坐三天横贯大陆的火车，赶上最早一班轮船，进行跨越太平洋的长时间的海上航行，也无法及时赶到。

古人言"祸不单行"，坏消息总是喜欢扎堆出现。

先是梁思成母亲去世的消息从国内传来，紧接着，他们又得知林徽因的父亲林长民不顾亲朋好友的相劝，执意投靠了郭松龄的部下，为其担任幕僚。

林徽因身在国外，深知无法劝父亲回头，唯一能做的，就是密切地关注来自国内的一切消息，而每当听到与奉军有关的字眼时，她的心头都免不了一阵紧张，总是被一种不祥的预感包围着。

果不其然。报纸上刊登了消息：张作霖在日本人的支持下，打算进攻北平担任总统，于是郭松龄在滦州倒戈。他在召开部将会议后，宣布讨伐张作霖，并正式遣兵出关，准备开始一场血战。

看到这一消息，林徽因忍不住将报纸紧紧地抓在手里。这一次，父亲是真的被卷入战争的旋涡了，他能平安度过吗？

不久，又有消息传来，1925年11月，郭松龄的部队在沈阳遇上了王永清的骑兵,双方交战后,郭松龄一方全军覆没。

一瞬间,林徽因眼前一黑,急得不知道该怎么办。

不巧的是,梁启超也在这个时候给梁思成寄来了一封家书。面对这封家书,梁思成虽内心忐忑,但为了不让林徽因担心,他假装镇定。

梁启超写道:

> 我现在总还存万一的希冀,他能在乱军中逃命出来。万一这种希望得不着,我有些话切实嘱咐你:
>
> 第一,你要自己十分镇静,不可因刺激太剧,致伤自己的身体。因为一年以来,我对于你的身体,始终没有放心,直到你到阿图利后,姐姐来信,我才算没有什么挂念。现在又要挂起来了,你不要令万里外的老父为着你寝食不安,这是第一层。徽因遭此惨痛,唯一的伴侣,唯一的安慰,就只靠你。你要自己镇静着,才能安慰她,这是第二层。
>
> 第二,这种消息,看来瞒不过徽因。万一不幸,消息若确,我也无法用别的话解劝她,但你可以将我的话告诉她:我和林叔叔的关系,她是知道的,林叔叔的女儿,就是我的女儿,何况更加以你们两个的关系。我从今以后,把她和思庄一样看待,在无可慰藉之中,我愿意她领受我这十二分的同情,度过她目前的苦境。她要鼓起勇气,发挥她的天才,

完成她的学问,将来和你共同努力,替中国艺术界有点贡献,才不愧为林叔叔的好孩子。这些话你要用尽你的力量来开解她。

在信中,梁启超称目前尚存一丝希望,认为林长民或许能从乱军中逃命。不过,为了以防万一,他还是嘱咐梁思成要保持镇静,不要因为意外的刺激而伤到自己的身体。现在林徽因遭此家庭变故,梁思成作为她唯一的伴侣和安慰,必须镇静自若,为她撑起一片天,才能帮助她渡过难关。他相信自己不会看错,这个女孩绝对不是庸常之辈。

寄出这封家书的同时,梁启超几乎动用了当时在国内的一切关系去寻找林长民的下落。遗憾的是,不久他便从一个乱军中跑出的人口中得知,林长民已经死在战场上。

怀着强烈的悲痛,梁启超只能再次给梁思成去信。几天之后,这封信被交到了林徽因手上。

或许是因为早有预感,林徽因异常平静地打开了这封信,逐字逐句地默读着。可只有她自己知道,信上的字句是那样不真切,如同飘浮在空中一般,就连她自己也像失去了重量,整个灵魂都飘浮着,失去了悲喜。

她紧紧地捏着信,得知父亲林长民因中流弹而死,死前应该没有太多痛苦,但因为遗体已经被焚烧,无法运回家中。

林徽因的母亲在悲伤之余，通过梁启超写的这封信告诫女儿，千万不可以过于情绪化，一定要保重身体。既然命运已如此，她们就要勇敢面对。当梁启超问林徽因的母亲，是否还有什么话要转告林徽因，这个女人表现出了她一生少有的理性与镇定，一字一句地说："徽因此时不必回国。"

得知噩耗后的林徽因怎能不着急呢？事实上，知道这个消息后，林徽因一连发了好几天的高烧，精神恍惚、寝食难安。此时她就算有心回国，她那病弱的身体也不允许。

信的内容不算长，却字字如尖刀，刺在林徽因的心头。她收起信，深深地用力呼吸，眼神却是空洞的。梁思成站在一旁，眼里都是关心与心疼。他不敢贸然安慰她，因为他很清楚得知至亲离世的感觉，只是轻轻地将林徽因揽在怀里。

当初他得知自己的母亲去世时，尚可镇定自若，因母亲久病，他对母亲的离去早有心理准备。可林徽因呢？面对这一变故，她是否做好了准备？他又要如何安慰她呢？就在梁思成思绪千万时，猛然发现靠在他肩上的林徽因忽然沉了下来——她悲伤得昏了过去。

林徽因坠入了一个黑色的梦中。在那里，她看见了福州的旧宅子，父亲在那里踱来踱去，紧紧地皱着眉头。她激动地跑过去，父亲却不见了，福州的宅子变成了雾色朦胧的伦敦，一会儿又变成了紫藤花满院的北平的住所，只是无论在哪里，都看不到父亲的身影了。她惶恐不安地惊醒,坐了起来,看见守在一旁的梁思成,这才真的清醒了:父亲不仅是在梦里不见了,在这个真实的尘世里,也触摸不到自己可亲可敬的父亲了。想到这里,林徽因的眼泪又流了出来。虽然早就知道死亡是人生的终局主题,可她还是无法接受。

她回想起父亲的一生:他年轻时不辞辛苦到日本早稻田大学修习政治和经济,是民国初年博学有才华的书生逸士。回国后,他又恰好赶上辛亥革命的爆发,被任命为参议院的秘书长。1919年,巴黎和会袒护日本,他著文反对将德国原在中国山东的一切权益转让给日本的行为。其后,他还参加了反对直系军阀首领曹锟贿选总统的运动,直到投靠在奉军郭松龄麾下,在沈阳不幸遇难。终其一生,他都在为中国的民主和自由奔走呐喊。

在林徽因的记忆里,父亲每次提起一些有益国家的改革,总是意气风发、神采飞扬,无论彼时的他是否尚在政界,都不曾真正"退隐"过。幼年时,父亲教她背了一首古诗——文天祥那首著名的《过零丁洋》:"……山河破碎风飘絮,身世浮沉雨打萍……人生自古谁无死,留取丹心照汗青。"

林徽因忽然明白了,或许这就是父亲选择的一种结束方式。唯有为民主理念而牺牲,心里怀着光明和崇高而离去,这样的死,在他看来才是最有意义、最值得的吧!所以他才可以不顾劝阻,不顾性命安危,只顾心中理想是否可以实现,以及自己还可以为中国的未来再做点儿什么，毅然奔赴前方。

只是理解无法代替悲痛，那沉沉的哀伤，终究是难以抹去的。还好有梁思成守护着她，和她一起扛过父亲去世带给她的一切痛苦。

不久，林徽因接到了叔叔林天民寄来的信和报纸，从《京报》《益世报》《大公报》《盛京时报》等报刊上确认了父亲死亡的消息。

聪明如林徽因，又如何不懂得，父亲去世后，她便不再是那个富贵人家的小姐。身为林家的长女，她必须撑起父亲留下的这个家。两房遗孀，年幼的弟弟妹妹都需要她的照顾。她必须尽快自立、强大起来，才能挑起家庭的重担。

失去父亲的痛苦让林徽因一夜长大。因为肩上的责任，她决定放弃学业，回福建老家。她知道，父亲没有留下多少积蓄，她作为长女需要照顾家里的孤寡幼子们。不过，在梁启超的开导下，她渐渐改变了想法：如此荒废学业实在可惜，不如坚持把书读完，再回去照顾家里的亲人。钱的事情，梁启超让她暂时不用担心，他愿意承担所有费用。

她与梁思成在学校后面的山坡上，默默为逝去的亲人祭奠。梁思成为母亲写了一篇祭文，在山坡上焚烧成灰，作为最后的送别。林徽因用新鲜的花朵编织成花环，亲手挂在树枝上。两个年轻人坐在小山坡上，望着祖国的方向，思念着亲人，久久不愿离去。

他们对彼此的痛苦感同身受,在清冷的晚风里,轻轻握住彼此的手,用温暖驱散内心的痛。

在养好身体后,林徽因愈发刻苦地学习,希望可以用无尽的知识来填补心中的悲痛。梁思成看着林徽因没日没夜读书的样子心疼不已,却又不好强加阻止,就在一旁一直陪着她。有时候,画室的灯甚至整夜亮着,两个年轻人的心在这无尽的文字和灯光中靠得更近了。

更令人感动的是,梁启超及时向林徽因提供了经济援助,不让她在美国打工挣钱,让她只管安心读书。其实,当时的梁家早已不似旧时那般殷实,梁启超却丝毫不提自己的难处。在给两个孩子的信中,他永远都是满满的鼓励和关心。梁启超的鼓励和关心,给林徽因带来了极大的勇气。她暗暗发誓,一定要成长为长辈希望看到的样子。

1927年,林徽因同梁思成一同从宾夕法尼亚大学顺利毕业。此时,他们又站在了选择的路口前。梁思成在宾夕法尼亚大学是非常优秀的学生,曾有两个设计方案获得了学院的金奖。是在这个时候回国,还是留下来继续深造,抑或是加入国外工作室,享受优厚的待遇,都是他们要思考的问题。

梁启超的书信在此时寄来,且随信为梁思成送来了李诫的《营造法式》。这本书是北宋京城官殿建筑的营造手册,满满承载着中国古代建筑的精髓，不久之前刚被发掘重新出版。梁启超看到这本书后，立刻仔细阅读了一遍，读完后就将它寄给海外的爱子，并在信中评论道："一千年前有此杰作，可为吾族文化之光宠也。"梁思成读了这本书，虽然有些地方读不懂，但敬佩崇拜之情油然而生，感觉一扇研究中国建筑史的重要大门已经缓缓推开。梁思成惊叹，原来中国古代就有这样一本关于建筑方面的专著，他要用一生的时间去钻研。于是，他决定留下来继续学习，以积累更多的知识，学成后回去报效祖国。

随后，梁思成进入哈佛大学继续攻读东方艺术博士学位，林徽因则选择进入耶鲁大学的戏剧学院继续深造，并在帕克教授的工作室学习舞美设计。

❸ 正式开启人生新阶段

抛下了所有贪玩的想法，林徽因沉浸在学习中，不知疲倦。她怀着独立的梦想，活得认真而热烈。不久后，当胡适从中国来到美国，他再次见到的林徽因，已不再是当初那个娇气的少女，她的神情中多了几分笃定与沉静。

两人谈话时提及林长民，胡适回忆起他曾作为林先生的晚辈，写信请求他撰写自传，为世间留下一些宝贵的研究资料。当时，林长民虽然一口答应，却总是因各种杂事的干扰而未能动笔。后来林长民又写信给胡适，说待自己过了五十寿辰，一定会动笔。却不料，他终究无法再落墨。

听了胡适的话，林徽因心中的悲痛又浮了上来，眼泪簌簌地落下来。胡适自知失言，不能再继续聊这个话题，转而告诉林徽因一件喜事——徐志摩和陆小曼的婚事。

因为身处异国，林徽因对国内好友的消息知晓得不多，所以，每次能够听到一些昔日好友的消息，她总是很开心。

事实上，她和梁思成也开始了新的篇章。

在耶鲁大学戏剧学院，林徽因凭借在国内出演话剧的经验，以及在宾夕法尼亚大学学习时打下的美术功底，在帕克教授的工作室学习舞美设计时，总是可以轻松又出色地完成各种绘图任务。她突出的工作表现，使她很快就博得了帕克教授和同学们的喜爱与认可。

在建筑方面，梁思成恨不能一口气吞掉这所校园中所有关于建筑的知识。他熟读哈佛图书馆的藏书，无论有关东方建筑还是西方建筑的文献，都绝不放过。第一学期，他主要在图书馆进行精读。哈佛的东方艺术讲师兰登·华尔纳帮他列出了主要参考书书目，使他懂得了西方人对中国艺术和建筑的看法。梁思成也试图在哈佛图书馆里寻找有关建筑的中文书籍。他发现中文藏书并不多，除了一些散页，几乎一无所获。

在哈佛大学读书的梁思成渐渐发现，西方世界对于中国传统艺术的理解和研究，其实还停留在表面，未能触及中国传统艺术的核心，甚至对中国传统艺术存在诸多误解。因此，梁思成认为这里有可以让他真正大展拳脚的地方。他下定决心，向导师提交了延迟交博士论文的时间，因为他需要花费一段时间，通过他超越同辈的专业研究能力去探索、研究，写出一篇真正在学术上有所突破的博士论文，让西方世界看到中国传统艺术的真正魅力和精神价值。

林徽因和梁思成约定，无论未来如何，他们都会紧紧握住彼此的手，相互陪伴，永不言弃，一起去征服这激荡的世界，在战与火之间披荆斩棘，踏出一条属于他们的路。

眼见两个晚辈学业有成，梁启超十分欣慰。与此同时，一件更加重要的事情被提上了日程，那就是，两个人都已经到了结婚成家的年纪。梁家与林家有意结为秦晋之好，这是早就定了的，所以梁启超认为，是时候要为这对优秀的年轻人操办婚事了。

梁启超曾说，促成林徽因和梁思成的结合，是他"全生涯中最愉快的一件事"。就连林徽因和梁思成共同的美国好友查尔斯也说，他们二人在一起便是一种"完美的组合"，一种"气质和技巧的平衡"，一种"稀罕的能够产生奇迹的相配"。

林徽因和梁思成在经历了长久的相恋、相伴、相知之后，终于要在众人的期望和祝福中开启新的人生阶段。

❹ 以婚礼之名

很快,梁家就送来了一红一绿两块玉佩作为聘礼,林家则选择以双印为配。本来,梁启超为安慰林家,且考虑到一对儿女的正式婚礼在国外举办,国内举办结婚仪式时两位主角都不在现场,于是决定将结婚的仪式操办得郑重一些。梁思成和林徽因听到这一消息后,则共同表示婚礼应该一切从简,庄重即可,切不可奢侈浪费,节省下来的开支还可以用于两人的蜜月旅行。

关于一对儿女的婚事,梁启超可谓费尽了心思,从玉佩的挑选、聘书和庚帖的选择,到参加婚礼的宾客的座次,他无一不做得尽善尽美。对于这种"辛劳",他自己乐在其中。看着梁思成从妻子怀中的"小不点",逐渐成长为满腹学问的优秀男儿,如今又要迎娶他同样看重的林徽因,这个他视为自己女儿一般优雅美丽又聪慧的女子,他怎能不感到快乐和激动呢?

梁启超是一位考虑问题十分周全的父亲。在梁思成和林徽因结婚后的一个多月,梁启超还特意给两个人写了一封信。在信中,他先是表示自己十分开心添了一个"法律上的女儿",接下来却言辞委婉地向两个人提出了两个小的问题,或者也可以说是两个小的"要求"。

"你们结婚后,我有两件新希望:头一件,你们俩体子都不甚好,希望因生理变化作用,将来在健康上开一新纪元。第二件,你们俩从前都有小孩子脾气,爱吵嘴,现在完全成人了,希望全变成大人样子,处处相互体贴,造成终身和睦安乐的基础。这两种希望,我想总能达到的。"

从这封信里我们看得出一位父亲的用心良苦。他知道梁思成和林徽因身体都不是特别好,便盼着他们能够养好身体。不但如此,他还特意提醒两人要收起小孩子脾气,不要再动不动就随便吵嘴,结婚了就是大人了,要成熟、稳重一些。

虽然梁思成和林徽因的婚礼地点定在了加拿大的渥太华,但林徽因内心深处仍渴望拥有一场中式的婚礼。因此,她没有听从梁启超的建议,把具体地点定在教堂,而是选择了加拿大的总领事馆,因为这里是唯一与中国有关而且能够举办婚礼仪式的地方。她拒绝穿西式的婚纱,也没有穿中国传统的凤冠霞帔,而是别出心裁地亲手为自己缝制了一套独特的婚服。

这件婚服整体是金色的,在领口和袖子上则缀以宽边的彩条为饰,裙长至脚踝处,裁剪得十分得体,而与衣服相配的头饰上则镶嵌了大小不一的裸珠，看上去十分华丽。

1928年3月21日，梁思成和林徽因的婚礼如期举行。之所以选择这一天，是因为这天正是宋代的李诫立下碑刻的日子。后来，林徽因生下小儿子，特意取名为"从诫"，其用意都是在表达她和梁思成作为后人对李诫这位中国著名建筑学家的敬意。两人对于建筑学的热爱，真是体现在生活的每一个细节里。

婚礼当天，林徽因穿着自己亲手缝制的金色婚服，眉目如画，缓步前行，长长的裙摆将她的身姿衬得格外曼妙。梁思成穿着带有中式元素的定做西装，与林徽因的婚服形成了一种奇异的组合，既相配，又充满了美感。其实，在婚服的选择和设计上，梁思成和林徽因对于中西文化的主张和立场体现得十分明显。他们虽然从小接受了很多西方文化的教育，但骨子里仍然更爱中国的传统文化。

长胡子牧师声音洪亮，他对新郎和新娘说："现在我要求你们，在一切心灵的秘密都要宣布出来之时，你们需要回答——"他转向梁思成，"你愿意娶这个姑娘做你正式的妻子，爱她并珍惜她，无论贫富和疾病，至死不渝？"

"是的。"梁思成眼神坚定。

"你愿意接受这个男人为夫，爱他并珍惜他，无论贫富和疾病，至死不渝？"

"我愿意。"林徽因轻声应允。

在长胡子牧师的主持下，林徽因和梁思成正式缔结了良缘。梁思成轻轻地执起林徽因的左手，将一枚精美的孔雀蓝宝石戒指戴在了她的无名指上，并轻轻地吻了她的额头。牧师庄重地祝福他们："愿你们记住这一天，幸福将与你们相伴终生。"

这一刻，坐在宾客席上的亲友都被感动了，其中就包括年长梁思成八岁的姐姐梁思顺。

在梁母李蕙仙眼中，林徽因不是她理想的儿媳妇。她认定如果儿子梁思成将来和林徽因结婚，他一定不会感到幸福。她更担忧一旦自己去世，没有人能够管住林徽因，那儿子梁思成要吃的苦头就会更多。因此，尽管梁启超十分赞成梁思成和林徽因的结合，梁母生前却始终表示反对，而且态度十分坚决。因为李蕙仙一向温柔贤淑，是一位十分传统的女性，梁启超很尊敬她。所以，既然她坚决反对，梁启超便不好强行违逆她的意思。直到李蕙仙去世，梁思成和林徽因的婚事才有了转机。

正因为如此，一直以来，深受梁母影响的梁思顺也不是很喜欢林徽因。梁母去世之后，她对林徽因的反感甚至加深到厌恶的地步。在她看来，如果没有林徽因，梁思成就不会在梁母弥留之际都无法回国尽孝，让梁母最终只能带着一丝遗憾离去。幸亏梁思成耐心地一直给姐姐写信，多次解释其中的缘由，才使得她对林徽因放下了成见。

梁思顺更是意外地发现，那个美丽却略带有一丝稚气的少女，如今已经完全长大了，成为一个气质不凡、优雅从容的女子，站在那里就像一幅画，干净又美好，令人挪不开眼睛。那一瞬间，梁思顺彻底理解了梁思成的选择，也明白了父亲为何如此欣赏这个儿媳妇，弟弟能够和这样一位奇女子结为连理，并且共度人生，这实在是他的福分啊。这样优秀的林徽因，的确是值得弟弟用一生去细心呵护、宠爱的人。

就在梁思顺含泪凝望、感慨万千的时候，两位新人紧紧握着彼此的手，相视而笑。从今以后，风风雨雨，他们会一同前行，一起去追寻建筑艺术的奥秘，构建一个属于他们自己的艺术世界。

其实因为林徽因的美名太盛，"抱得美人归"的梁思成简直认为幸福得有些不真实了。他曾略带一些不自信地问林徽因，为什么在众多的追求者中最终选择了自己。面对此时已经是丈夫的梁思成，林徽因回以温柔一笑，说道："看来，我要用一生来回答你这个问题了，你准备好听了吗？"

这个回答，堪称是情话中的经典。生命不可承受其重，也不可承受其轻。林徽因深深地懂得，只有梁思成才是那个最懂她，能够给予她最大的爱和包容的人。所以，余生有多长，她的回答便有多长。

事实证明，林徽因的回答绝对不只是一句令人心动的情话而已，她当真是用自己的一生去履行了对他的承诺。众所周知，林徽因的身体状况一直不太好，尤其是在抗日战争爆发之后，她为保护古建筑而四处奔波，导致肺病日益严重。可即便如此，她也始终陪伴着梁思成，一同奋斗在建筑学事业的第一线。与君一诺，不负相思，这便是林徽因的深情。

林徽因和梁思成办婚礼的所有费用，几乎都是由梁启超和梁思顺筹措的。梁思顺特意在婚礼结束之后，准备了好几桌的婚宴，用丰盛的美食招待各方宾客。梁思顺的这一举动，无疑表示了她从心底对林徽因的接纳和对新人的真诚祝福。林徽因看在眼里，感动在心里，对姐姐更加敬重了。

在婚礼结束后，准备前往欧洲进行蜜月旅行前，林徽因特意拉着梁思成，向姐姐梁思顺和姐夫深深地鞠了一躬。这一鞠躬饱含了林徽因对姐姐的感谢和友好。梁思顺自然是懂得的，她笑着扶起林徽因，两人曾经的芥蒂烟消云散。自此，她们不仅是相互理解的家人，还是相互欣赏的好朋友。

他们的这次欧洲之行，是为探索国外建筑艺术的精粹，将学到的所有知识带回国内，为中国建筑的发展提供借鉴与范本。

这一对新婚伉俪笃信，中国建筑的文明具有悠久历史，需要代代传承下去。他们并肩奋斗，情感早已突破了小儿女之间的你侬我侬，因为他们知道彼此身上共同背负着家国情怀与建筑学研究的使命。

第五章

跌宕·
每个人都是命运的建筑师

❶ 踏遍千山万水

民国时期，伴随着西学东渐的脚步，新式结婚的风潮缓缓吹进了中国内陆，为不少年轻人所接受和喜爱。当时虽然环境变化巨大，但旅行结婚绝对还是很新潮的事。据当时某旅行杂志的文章记载，沿海的几个大都市已经出现了蜜月旅行，新婚夫妇出发去蜜月旅行时的高兴，远超过举办婚礼时的快乐，因为他们将要在秀丽湖山的怀抱里度过其新婚良辰，同时对亲戚朋友说起来又是件骄傲的事，因为在中国尚未流行蜜月旅行，他们仿佛是天之骄子，是新时代的人物。

在大环境的影响下，举办了新式婚礼的梁思成和林徽因也得到了一份特别的礼物——蜜月旅行，这是梁启超特意为这对新婚夫妻准备的。

梁启超希望他们两个人在这次旅行中玩得愉快，顺道还可以进行观摩学习，借游览的机会参透国外建筑之精髓，融合二人在宾夕法尼亚大学吸收的建筑学之精妙，将其带回国内，来日应用到祖国家园的建筑设计当中。正如梁启超规划之初心——"北欧极有特色，市政亦极严整有新意，必须一往"。

在父亲的殷切期望下，两个人怀揣着梦想和激情，奔向诗与远方。旅行路线是梁启超亲自规划的，"到英国后折往瑞典、挪威一行……由是入德国，除几个古都市外，莱茵河畔著名堡垒最好参观一二，回头折入瑞士，看些天然之美……"，同时"中间最好能腾出点时间和金钱到土耳其一行，看看回教的建筑和美术，附带着看看土耳其革命后的政治"。

1928年春末夏初时，林徽因和梁思成依照梁启超定制的旅行路线开始了一段甜美而又难忘的蜜月之旅。而这一程的阅历，更像是这对新婚夫妇的"学术考察"。

梁思成和林徽因旅行的第一站是英国，作为世界上最老牌的资本主义国家之一，英国也被称为"建筑教科书"。大诗人雪莱认为，在英国人的价值观里，建筑、音乐和文学是同等重要的艺术载体，任何一个到过英国的人，都会对这里不拘一格的建筑留下深刻的印象。

他们首先造访了圣保罗大教堂。它是英国最大的教堂，建于604年，属于典型的巴洛克风格，在教堂最高处可以俯瞰伦敦全貌。林徽因和梁思成漫步在教堂前的小广场上，凝视着教堂正门顶部的人字墙，上面雕刻着圣保罗到大马士革传教的图案，精湛的雕刻技艺让两个人叹为观止,再往上看便是震撼人心的大圆顶,顶盖上端有一个镀金的大十字架。教堂正面的两端各有一个钟楼,整座建筑显得对称而雄伟。

两个人就这样默默地欣赏着,品味着。此时此刻,他们才领悟到勒·柯布西耶所说的这句话的意义:"建筑,这是最高的艺术,它达到了柏拉图式的崇高、数学的规律、哲学的思想、由动情的协调产生的和谐之感。这才是建筑的目的。"

这座教堂之所以赫赫有名,不仅仅因为它现有的样貌在17世纪出自著名建筑师克里斯托弗·雷恩之手,更因为这里埋葬着曾经打败拿破仑的威灵顿公爵和战功卓著的海军大将纳尔逊的遗骨。

山墙之上,雕刻着圣保罗的生平。两个人都被震撼着,梁思成轻声问林徽因:"你从泰晤士河上看这座教堂,有什么感觉?"

林徽因莞尔笑答:"我想起了歌德的一首诗:它像一棵崇高的浓荫广覆的上帝之树,腾空而起,它有成千枝干,万百细梢,叶片像海洋中的沙,它把上帝——它的主人——的光荣向周围的人们诉说。直到细枝末节,都经过剪裁,一切于整体适合。看呀,这建筑物坚实地屹立在大地上,却又遨游太空。它们雕镂得多么纤细呀,却又永固不朽。"

听了妻子的感慨,梁思成激动地回应:"我一眼就看出,它并非一座人世间建筑，它是人与上帝对话的地方。它像一个传教士，也会让人联想起《圣经》里救世的方舟。"

徜徉在建筑的海洋里，梁思成和林徽因仿佛进入了新世界。在这里，他们见识了充满东方浪漫情怀的布莱顿皇家别墅、古典韵味十足的英国会议大厦，然而让两个人印象最为深刻的还是海德公园的水晶宫。它是由英国园艺师J.帕克斯顿按照当时的植物园温室和铁路站棚的方式设计建造的，大部分为铁结构，外墙和屋面均为玻璃，整个建筑通体透明，宽敞明亮。这种创新性的建筑让林徽因不禁感叹道："从这座建筑，我看到了引发新时代审美观念最初的心理原因，这个时代存在着一种新的精神、新的建筑，必须具有共生的美学基础，水晶宫是一个大变革的时代标志。"

欧洲的蜜月之行，对他们来说是一次浪漫的学习成长的机会。伦敦是第一站，下一站是德国。

在德国，他们参观了圣彼得堡大教堂。它是典型的哥特式建筑，世界上最高的教堂之一，从1248年开建，到1880年完工，耗时632年。教堂中央有两座尖塔，周围林立着无数小尖塔，极其壮观。他们能够如此近距离接触这座大教堂，内心激动不已，继而拍照、绘图、记录，所得资料完全不同于教科书的简单说教。他们细细地用心"阅读"，对每一处细节都不愿放过。

随后他们去了爱因斯坦天文台。作为德国早期表现主义建筑的代表作，它不仅以爱因斯坦博士的名字命名，还得到了爱因斯坦博士的赞誉。林徽因望着它弯弯曲曲的墙面、浑圆的线条、深深的黑洞一般的窗户，感觉处处透出一种神秘感。她被吸引得陷入了无尽遐思，仿佛要去探寻那未知的力量。梁思成看着她深思的样子，迅速按下快门，留下了她在时光里的剪影。

他们还去了包豪斯学院——一所以专门培养建筑师而著称于世的大学。学院的建筑结构以不对称的形式表达出一种时间和空间的和谐性，注重建筑造型与实用机能的巧妙融合。林徽因极喜欢，当时便表示，学院的建筑群终有一日会蜚声世界。日后，她在东北大学教学时便以此为案例讲给学生听。

在东北大学建筑系的课堂上，她专门讲了包豪斯学院的校舍。她说："每个建筑家都应该是一个巨人，他们在智慧与感情上，必须得到均衡而协调的发展，你们来看看包豪斯校舍。"她把自己的素描图挂在黑板上，接着讲："它像一篇精练的散文那样朴实无华，它摈弃附加的装饰，注重发挥结构本身的形式美，包豪斯的现代观点，有着它永久的生命力。建筑的有机精神，是从自然的机能主义开始，艺术家观察自然现象，发现万物无我，功能协调无间，而各呈其独特之美，这便是建筑意的所在。"

"入意大利，多耽搁些日子，把文艺复兴时代的美，彻底研究了解。"梁思成和林徽因带着新奇与憧憬抵达了意大利，在这里，他们参观了罗马斗兽场。这座历经千年的古建筑躲过了中世纪的黑暗,逃过了文艺复兴的重建,如今依旧庄严肃穆地屹立在原址。

整座斗兽场呈椭圆形,看起来像是两个对接的半圆形舞台,柱子和墙身全部用大理石垒砌,总高48.5米,上下分为四层,全部用混凝土、凝灰岩、灰华石建造。让林徽因惊异的是,虽然已经历经了两千年的风雨,它的结构仍然十分坚固。

同他们一起参观的国外友人也感慨道:"你知道吗?这个斗兽场可以容纳八万观众。古罗马是以武功发迹且崇武的国家,这种社会形态也在建筑中得到了反映,整个古罗马的文化都可以在建筑中找到投影。罗马时代有好多进步的文化内容,其中有物质的,也有精神的,文艺复兴时期的建筑理论,主要受了罗马古建筑的影响。"

梁思成和林徽因在这座颇具艺术气息的古建筑下感受着历史斑驳的味道,领悟了意大利代代传承的民族文化和精神。多年之后,林徽因再次谈到斗兽场时不禁感叹道:"罗马最伟大的纪念物是斗兽场,是表达文化具体精神的东西。文艺复兴以来,与以后的建筑观念中,最重要的一部分,就是建筑的纪念性。"

除了斗兽场,他们还参观了圣彼得大教堂和圣卡罗大教堂。其中,圣彼得大教堂建于17世纪初,历时120年建成,是整个文艺复兴建筑中最辉煌的作品。

1503年,尤利乌斯二世上任,成为教皇。他立下宏愿,要建造一座宏大的墓室。他主张拆掉一座老教堂,公开征集设计方案,最后选中了伯拉孟特的十字形平面方案。这项设计参照了罗马万神庙,但增加了灯塔形的窗户和围廊,后来又经拉斐尔、米开朗琪罗修改后定型,中央穹窿就是米开朗琪罗的遗作。

为了领略最好的风景,林徽因和梁思成互相搀扶着,登上了教堂高达137米的顶点,将罗马全城尽收眼底。

接着,他们乘火车去了米兰,因为那里有一座全世界最大的教堂。

虽然早有耳闻,但米兰大教堂的庄严和神圣,还是让他们震惊不已。远远看去,一片壮阔的尖塔群,乳白色的大理石在阳光下闪着玉一样的光泽。阿尔卑斯山就在教堂的"背景"上,与教堂不分高下,两相争雄,使教堂于巍峨之外又添了不少壮丽之色。

米兰大教堂是奉第一任米兰大公加米西佐·维斯孔蒂的命令建造的,从1385年开始建造,一直到19世纪才完工。它有168米长,59米宽,宏伟的大厅有四排柱子,每根柱子高约26米,圣坛周围支撑中央塔楼的4根柱子,每根高40米,直径达10米,可容纳四万人做大弥撒。所有的柱头上都有小龛,内置工艺精美的雕像。

林徽因看着教堂的环形花窗,对梁思成说道:"你看这玫瑰形的窗子多么神奇呵,就像《圣经》中描述的永恒的玫瑰,但丁的诗中也说,玫瑰象征着极乐的灵魂,在上帝身旁放出不断的芬芳,歌颂上帝。"

梁思成笑着点头回道:"那玫瑰的叶子,一定是代表信徒们得救的心灵。"

别过罗马,他们通过水路来到了"上帝滴落眼泪"的城市——威尼斯。蜿蜒的水巷,流动的清波……威尼斯好像一个漂浮在碧波上浪漫的梦。两人顺水观瞻,两岸精巧的各式教堂、钟楼、修道院和宫殿尽收眼底。富丽堂皇的圣马可教堂,独具巴洛克风格的拱形长廊叹息桥,让两个人感受到了不一样的风情。

蜜月之旅中最精彩的行程莫过于法国了。巴黎圣母院塔顶飘过的阵阵微风,塞纳河畔织起的无边细雨,埃菲尔铁塔投下的层层日影,叠加着沿河两岸数不尽的名胜古迹,星罗棋布的广场公园,香榭丽舍大街飘出的细碎脚步声……在这个诗意的王国里,梁思成和林徽因细数着法国巴黎的经典建筑,汲取着这个浪漫国度赐予他们的无尽遐思。两个人每到一处,都是有选择地重点参观,购买工具书,从中了解这些城市的相关历史,观摩学习当地的建筑艺术。

林徽因年少时读雨果的《巴黎圣母院》,就对巴黎圣母院心生向往。那时,它用一个美丽的爱情故事打动了她。如今她以建筑艺术的眼光重新审视它,才发现这座经典的哥特式建筑所独具的精妙之美。它历经四任建筑师之手,终成辉煌,在宗教信仰和文学艺术中浸染，淬炼了独特的魅力。这些都深深吸引着林徽因。

巴黎圣母院的主体结构全部采用石材建成，雨果在《巴黎圣母院》中将它比喻为"石头的交响乐"。它的外观高耸挺拔，辉煌壮丽，看起来庄严和谐，让人向往且敬畏。

眼亮心细的林徽因品出了它的与众不同之处，有别于传统教堂建筑的笨重粗俗、厚实阴暗，巴黎圣母院冲破了旧的束缚，创造了一种全新的轻巧骨架，不再有压抑之感。这种结构使拱顶变轻了，空间升高了，光线充足了。教堂的顶部采用一排连续的尖拱，显得细瘦而空透，主殿四周，连拱廊上方，都是带双层窗户的走廊。在它之上是大窗户，透过这些窗户，一束束阳光柔和地射进堂内。内部并排着的两列长柱子直通屋顶，形成狭窄而高耸的空间，给人以向天国靠近的内心感受。那一刻，林徽因不自觉地双手合十，默默祈祷，梁思成也被这种氛围感染，做出了祈祷的姿势。

林徽因望着这座极美的宗教建筑，眼里都是深情："它看上去就像一位正在祈祷的少女，跪在地上，向上帝伸出双手，可是她在向上帝祈求什么呢？"

梁思成说："我想，她大概是在祈求无限和永恒。人类的生命在上帝眼中如蜉蝣一样短暂，但人类也希望能够获得时光的垂青。"

走出巴黎圣母院,他们去参观埃菲尔铁塔。站在铁塔下,梁思成和林徽因看到了它的钢架镂空结构,与中国无铁钉的镶嵌木塔或完全由砖石砌筑的石塔截然不同。这对后来梁思成研究中国古建筑结构颇有参照作用。

在西班牙,他们参观了阿尔罕布拉宫。它是摩尔人留存在西班牙所有古迹中的精华,有"宫殿之城"和"世界奇迹"之称。它始建于13世纪,其间历经波折,直到1828年在斐迪南七世的资助下,经建筑师何塞·孔特雷拉斯与其子、孙三代长期的修缮与复建,才恢复原有风貌。梁思成和林徽因在参观过程中留有若干照片、水彩画、速写画,但最终只有照片和一张水彩画被保存下来。他们走出宫殿,借着凛冽的月光,再回望古老的阿尔罕布拉宫,林徽因忽然觉得有些哀伤。此情此景,也许只有李煜的一阕《破阵子》才能将之表达得透彻,宣泄得淋漓。

> 四十年来家国,三千里地山河。
> 凤阁龙楼连霄汉,玉树琼枝作烟萝。
> 几曾识干戈?
> 一旦归为臣虏,沈腰潘鬓消磨。
> 最是仓皇辞庙日,教坊犹奏别离歌。
> 垂泪对宫娥。

这次长达数月的旅行，他们踏遍了千山万水，阅尽了异国建筑风采。这期间，两个人的感情不断升温，对各国建筑艺术的见解常常不谋而合，只待他日归国后，为中华建筑艺术增添一些色彩。

❷ 归途

行过梦中的天南海北,遍览建筑艺术的圣地之后,他们开始想家了。

遥夜人何在,澄潭月里行。
悠悠天宇旷,切切故乡情。

是啊,再美丽的风景,也抵不过心头的一抹乡愁。经历了在外的奔波劳顿,他们更能体悟家的意义。此时,北平在温柔地呼唤他们归来。

当归途的尽头,有了家人的等待和盼望,路程就显得有些漫长。

在1928年秋天,林徽因与梁思成终于从苏联的莫斯科回到了北平。

两人在欧洲游览学习时，曾接到梁启超寄来的一封家信。在信中，梁启超说："思成、徽因，我将近两个月没有写'孩子们'的信了，今最可以告慰你们的，是我的体子静养极有进步，半月前入协和灌血并检查，灌血后血红球竟增至420万，和平常人一样了。你们远游中得此消息，一定高兴百倍。"

接到信的时候，两个人着实高兴极了。但梁思成和林徽因不知道的是，天下父母最擅长的都是报喜不报忧，梁启超其实已经经历了一次失败的肾脏切除手术。

当时，梁启超的身体越来越弱，住进了医院。医生不明病因，以为只是毛细血管破裂，并没有重视。恰恰就因为医生的这一疏忽，贻误了治疗的最佳时机。见梁启超多日以来病情并未好转，家人心急如焚，于是决定将他转入协和医院。在协和医院，他们听到了一个很坏的消息：医院确诊梁启超右侧肾脏坏死，需要切除。岂料手术台上，粗心的护士竟然画错了手术切口线。医生也并未仔细核查，结果切除了好肾，却留下了坏死的肾。后来，病情不断加重，他才不得不发电报给梁思成和林徽因，希望他们可以早日回国相伴，因为生命留给他的时间已经不多了。

近乡情更怯，梁思成和林徽因的心情越发紧张。梁启超的身体状况大不如前，实在是让人担忧。想到家中种种磨难，林徽因的眉头忍不住皱了起来。梁思成理解林徽因的忧愁，温柔地将肩膀靠向她。林徽因轻轻依偎在他的肩上，祈祷坏事不要发生。

这时候，他们早已有了默契，能够感受对方心里的悲欢喜乐。无数次的风雨同舟之后，他们学会了互相支持、彼此安慰。

最牵挂的儿女要回家了，梁启超早早就事无巨细地妥当安顿好了一切。梁思成和林徽因回国后先到大连，因记挂家中的亲人，两人没有过多地停留，就匆匆登上了去往天津的轮船，然后由天津转乘火车回到北平，一路颠簸，虽然身体已疲惫不堪，但精神却亢奋不已。他们实在太想念家中的绿树红墙，青砖碧瓦，还有家人的笑脸。

门前依旧还是那碧瓦红墙黑木，就如他们当初离开时一样。如今回到熟悉的地方，林徽因以新媳妇的身份再一次踏进这个家门，竟有一丝羞怯。梁思成看懂了妻子的复杂情绪，握住她的手，一起踏入久违的家门。

出来迎接他们的是梁思成的奶母王姨——一个在梁启超和李蕙仙身后默默照顾了他们十几年的女人。王姨生性善良，为人谦和，待梁思成视如己出，早在他俩归来之前就收拾出了干净整洁的卧室，准备好了一应俱全的生活用品，关切地询问俩人累不累、饿不饿……这是林徽因许久不曾体会到的家庭温暖。梁思成的小妹妹梁思宁兴奋地围在林徽因身边，无比喜欢这位美丽的嫂子。

林徽因最关心和牵挂的，是梁启超。在她眼中，梁启超是和亲生父亲一样重要的长辈。她和梁思成能够有情人终成眷属，离不开梁启超坚定不移的支持和帮助,她深知这份关爱的难能可贵。

看到儿子儿媳平安归来,梁启超难掩激动之情。在他们到家之前,他就已经开始张罗起来,并迫不及待地把消息告诉了全家人。后来,他说:"新人到家以来,全家真是喜气洋溢。初到那天看见思成那种风尘憔悴之色,面庞黑瘦,头筋涨起,我很有几分不高兴。这几天将养转来,很是雄姿英发的样子,令我越看越爱。看来他们夫妇体质都不算弱,几年来的忧虑,现在算放心了。新娘子非常大方,又非常亲热,不解作从前旧家庭虚伪的神容,又没有新时髦的讨厌习气,和我们家的孩子像同一个模型铸出来。"

事实上,林徽因与梁思成还在欧洲游历时,梁启超就已经开始殚精竭虑地操办他俩回国后的工作事宜了。人到暮年,梁启超更想让两人归来之后就留在自己身边,希望他们能去清华大学任教。

此时,梁思成在宾夕法尼亚大学的同学杨廷宝回国了。杨廷宝原本在回国之际是受邀前往东北大学创立建筑系的,但由于他已经加盟了天津基泰工程司,就向东北大学推荐了梁思成。

梁启超是经历过大风大浪的人,因此思虑再三、经审时度势之后,他决定让梁思成和林徽因前往东北大学任教,更好地践行使命、实现理想。

常言道,父母在,不远游。看着梁启超每况愈下的身体,梁思成和林徽因本不愿离开他,但他们也明白,如果强行留在家中,只会让父亲的心理负担更重。最终,两个人还是听从了父亲的建议。

在北平家中暂歇几日之后,梁思成先行启程去往东北大学,着手组建建筑系。林徽因则先回了一趟福建老家,探望自己阔别已久的母亲何雪媛。

父亲过世之后,上一代人的爱恨情仇都随风飘散了。如今母亲孤身一人生活,林徽因实在担忧得很。

回到家中,林徽因发现母亲身体瘦削,眼角的细纹也增添了不少,恍惚间青丝已变白发。林徽因回想,父亲和母亲这一生,到头来也不过是凄凉别后两相应,最是不胜清怨月明中。

对于母亲何雪媛,林徽因的感情是复杂的,心疼、同情、不满、愤懑、无奈皆有。在林徽因幼年时,何雪媛没有得到丈夫林长民的关爱和眷顾,所以即使在那样一个世代书香门第之家,何雪媛也没有找到容身之处,成为一个不受欢迎的存在。多年来,何雪媛的不甘、愤怒和暴躁让林徽因过早地意识到,母亲并不是她的避风港,由此她形成了早慧、早熟的心性,因此也丢失了一部分宝贵的童年生活。她之所以会成为今日的林徽因,跟母亲何雪媛的影响是分不开的。

现在,林徽因自己初为人妇,对母亲何雪媛内心的困境有了更深的体会。她在家陪伴了母亲一段时间,希望尽可能地在这短暂的时光里让母亲感受到亲子之乐。

林徽因家庭责任感很强,对家人都很关心。她还利用自己在宾夕法尼亚大学和耶鲁大学所学的舞台美术设计知识,为叔叔林天民精心设计了福州东街文艺剧场。学有所用,让林徽因的内心变得无比丰盈。

林徽因虽出生在杭州,但是她心里认同福州才是她的根系所在,因为她的祖辈、父辈们皆在此安身立命。在她踏过的千山万水中,这里才是家的方向。

在福州探亲期间,林徽因应福州师范学校和英华中学的邀请,做了"建筑与文学"和"园林建筑艺术"的演讲,并专门到父亲生前创办的当时全国最大的私立政法学校之一的福建政法专门学校拍照留念,以此来慰藉父亲的英灵,告诉他,她没有辜负他的深切期望。

待一切安排妥当后,林徽因便匆匆赶往东北与梁思成会合。

③ 第二故乡

枝头黄叶被一夜秋风吹尽时,梁思成提着行囊来到了东北大学。

这里,便是他的诗和远方;这里,便是他执教建筑学之梦启航的地方。

东北大学是张作霖在1923年斥巨资创办起来的,最初设置了文、理、法、工、教育、农学六个学院。梁思成到校以后就开始着手组建建筑系,隶属于工学院。时任东北大学工学院院长的高惜冰告诉梁思成:"你已被任命为建筑系主任、教授,建筑系已招收了一班学生,但一个专业教师都没有,也不知该开些什么课,一切都等着你们来进行。"听了高院长的话,梁思成顿时感觉肩上挑着千斤重担。林徽因到东北后,便和梁思成埋头在建筑系中深耕。

在宾夕法尼亚大学,梁思成和林徽因不仅接受了成为一名建筑师严格的基本功训练，还系统地学习了西方的建筑史。等到他们学成归来之后，看到中国建筑史学术一片空白，他们作为建筑师和建筑史学家的使命感被更加强烈地激发了出来。他们自觉地将个人的命运和国家的命运相连接，发誓要为国家的建筑学发展贡献毕生之力。

在东北大学的开学典礼上，两个人暗下决心，要用全部心力搭建起国内建筑文化的基石。

这时的东北大学，校长是少帅张学良。他一身戎装，身材笔挺，胸前披挂着金色的绶带，前来参加开学典礼。他站在主席台正中，两边分别是副校长刘凤竹、文科学长周守一、法科学长臧启芳、工科学长高惜冰。

他们身后的一排，都是各领域的名流学者：数学家冯祖荀，化学家庄长恭，机械工程学家刘化洲、潘成孝，新开设的建筑系主任梁思成，美学教授林徽因和文法学院聘请的教授吴贯因、林损、黄侃等。

当张学良校长做了简短致辞之后，师生们齐声高唱起了校歌：

    白山兮高高，黑水兮滔滔；
    有此山川之伟大，故生民质朴而雄豪；
    地所产者丰且美，俗所习者勤与劳；

愿以此为基础，应世界进化之洪潮。

沐三民主义之圣化，仰青天白日之昭昭。

痛国难之未已，恒怒火之中烧。

东夷兮狡诈，北虏兮娇骁，

灼灼兮其目，霍霍兮其刀，

苟捍卫之不力，宁宰割之能逃？

惟卧薪而尝胆，庶雪耻于一朝。

唯知行合一方为责，无取乎空论之滔滔，

唯积学养气可致用，无取乎狂热之呼号。

其自迩以行远，其自卑以登高。

爱校、爱乡、爱国、爱人类，

期终达于世界大同之目标。

使命如此其重大，能不奋勉乎吾曹，能不奋勉乎吾曹。

建系伊始，二十七岁的梁思成担任系主任和教授，二十四岁的林徽因担任授课教师。全系一共就只有他们两名教师，两个人共同承担了建筑系教学和管理的全部工作。

国内没有合适的教材，他们就依照母校宾夕法尼亚大学的教学模式，创建东北大学的建筑系课程体系，并增设了中国宫室史、营造则例、东洋美术史等课程。

在创系之初，梁思成极其郑重地写下了他的办学思想：

> 溯自欧化东渐，国人崇尚洋风，凡日用所需，莫不以西洋为标准。自军舰枪炮，以致衣饰食品，靡不步人后尘。而我国营造之术亦惨于此时，堕入无知识工匠手中，西式建筑因实用上之方便，极为国人所欢悦。然工匠之流，不知美丑，任意垒砌，将国人美之标准完全混乱，于是近数十年间，我国遂产生一种所谓外国式建筑，实则此种建筑作风，不惟在中国为外国式，恐在无论何国，亦为外国式也。本系有鉴于此，故其基本目标，在挽救此不幸现象，予求学青年以一种根本教育。

在梁思成的办学思想中，他把建筑学从中国传统的盖房子思维中剥离出来，归到了艺术和美的范畴，讲明了盖房子和建筑不是一回事，盖房子是把房子建起来，而建筑是一种艺术。

虽然东北大学建筑系初期只有四十个学生，但两个人还是对学生的四个学年进行了合理规划和精心安排：

第一学年开设地质学、测量学、机械制图、应用力学、微分方程等基础课程，目的就是带学生入门，夯实基本功。

第二学年开设材料力学、图示力学、建筑材料、水力实验等课程，由浅入深，引导学生更深一步了解和掌握建筑学的要义。

第三学年开设桥梁工学、桥梁计画、铁筋三合土计画、铁道工学等课程，课程精而专，学生所练达的也是真功夫。

第四学年开设石工基础、房屋构造、养路工学、河海工程、工价及管理等由基础到管理全方位的课程，为学生勾勒出由点及线再到面，甚至可以站起来的立体建筑学。

此外，为了更好地吸收西方建筑知识的精华，他们还开设了英文和德文两门外语课程，以期实现梁思成"东西营造方法并重"的目标，培养具有对中国式建筑审美标准的建筑师。

对自己的学生，梁思成寄予厚望。初上课时，他就向学生阐明了做建筑师的意义：直接地说，是建筑物之创造，为社会解决衣食住三者中住的问题；间接地说，是文化的记录者，是历史之反照镜。他常教导学生，建筑是人类文化的历史，要成为优秀的建筑师，要有哲学家的头脑、社会学家的眼光、工程师的精确与实践、心理学家的敏感和文学家的洞察力。他不仅教授学生建筑学本身的知识，还通过建筑这个载体向学生传达了建筑从业者所需要肩负的社会责任。

他的建筑学思想集中在建筑的三元素中：合用、坚固、美。合用即建筑的开始就要考虑到它的合用性，要满足人民生活和健康需要，要能提高工商业的生产效率；坚固即建筑的根本和良心，要有专门的人才和业材，保证人民的生命健康，这也是建筑的底线；美即更高层次的艺术追求，建筑的意义不单是要解决实际问题,更是要记录自己国家的历史文明。中国有漫长的建筑历史,却没有自己的建筑学和建筑教育,而作为中国的建筑师,便负有这一宣传的使命,要用自己的手和笔创造国家"文化的记录"。

梁思成的课堂永远是热闹而激昂的。他温润如玉,在学术上平等待人,始终努力营造一种宽松、自由的学术环境,鼓励学生畅所欲言,虚实交映间就把学生带入了多姿多彩的建筑学的王国。

不过,他的严肃与严谨也是出了名的。

1930年末,东北大学建筑系的期末考场上,一个学生被抓到夹带小抄作弊。梁思成知道后,立即做出决定:凡东北大学建筑系学生,不论月考、期考,如查有夹带或互相通融情事,立即开除学籍,永不得回建筑系受课,严格执行,绝不宽待。从此,建筑系学风严谨,学生刻苦用功,再没出现过作弊现象。正是在这种严谨的教学态度下,东北大学建筑系培养出了刘致平、刘鸿典、赵正之等一批中国近现代建筑界卓有成就的建筑学大师。

其实,自幼在杭州长大的林徽因,并不适应东北的严寒天气。冬天,她对零下三十多度的气温难以招架,所以经常生病,身体迅速清瘦下去,但她从没有耽搁过备课、上课。与梁思成的果敢与严谨相比,林徽因的课堂时常透着美与诗意。林徽因聪明活泼、思维敏捷,再加上渊博的知识和丰富的阅历,重视理论与实践并用，她的授课方式独具一格，她的课堂也总是格外受学生们的欢迎。

在东北大学，林徽因主要负责教授美学与建筑设计。在为学生讲授美学与建筑设计的第一堂课时，她就把学生带到了沈阳故宫的门前，以现存的古建筑作为教具，让学生从这座宫廷建筑的外部去感受建筑与美的关系。这种开放式的教学，让学生在学习建筑之余还能领略到建筑在历史中所散发出来的迷人魅力。

在上英语和德语课的时候，学生们因为缺乏基础，学习起来很吃力。林徽因便总是挪出自己的私人时间，陪着学生们反复练习。彼时，林徽因已有身孕，但教学热情仍在支撑着她笔耕不辍，诲人不倦。

白天，她为学生答疑解惑；夜晚，她伏案书桌，陪着梁思成一起做规划研究。东北大学的校舍里，他们家的灯光总是在深夜才熄灭。梁思成也尽量挤出空闲时间，陪伴着林徽因一起到沈阳昭陵做测绘工作。在这段惬意的教书时光里，梁思成和林徽因一边教学，一边设计，一边实践，一边研究，夫唱妇随，演绎着别样的浪漫。

东北大学的工作紧张而快乐，然而正当两个人的工作做得风生水起之时，一封"父病重，速回"的电报，将梁思成和林徽因打了个措手不及。

❹ 逃不开的悲欢

1928年10月，梁启超的病情迅速恶化。到了11月下旬，他甚至已经无法坐起来了。在弥留之际，他是多么想见见自己日夜牵挂的儿女啊。照顾他的家人自然明白他的心意，因此立刻叫梁思成和林徽因回京。

一路上，梁思成和林徽因心情都很沉重。回想这几个月，父亲寄来的家书越发稀疏，信上的笔迹越发潦草，他们没有想到也不敢去想，一向身体很好的父亲会忽然倒下。在他们眼里和心里，父亲一直都是铁骨铮铮、神采奕奕、屹立不倒的家庭支柱。然而时间是无情的，它斑驳了父亲的发线，也带走了父亲的健康，这让还在孕期的林徽因心情久久无法平静。

公公梁启超一直对她视如己出，在她人生最低谷的时候，更是给予了她无限的关怀和力量。如今，她即将为人母，更能体会到这份舐犊的深情。

回到北平，梁思成和林徽因直奔父亲所住的协和医院。病床上的梁启超已不复往日的风采，在病痛的折磨下，他的身体仿佛抽缩了一般，那丰润的双颊瘦下去了，颧骨高高地凸起，苍白憔悴的脸上已看不出一点血色。他两眼缓缓地望向一路风尘仆仆赶来的梁思成和林徽因，想说些什么，可只是嘴唇微微动了一下，发不出声音来。

林徽因看着病床上的公公，一阵酸楚从心底涌向鼻尖，眼泪已在眼眶中打转，又要强忍着不能在病人面前落下来。

梁启超的主治医师杨继石和美国医生伯伦莱告诉他们，梁先生最开始被诊断为肺炎，后来他们在其血液中发现了一种"末乃利菌"，这是一种很难对付的罕见病，在全世界范围内的病例也是极少的。在当时的医疗知识下，只有碘酒可以起到一些治疗作用。不过，这种疗法只适用于身体强健之人。梁启超的身体机能已经衰退，目前只能使用强心针。

绝望之下，家人决定为梁启超采用中医疗法。尝试之后，病情竟然真的有了起色。那一天，梁思成欣喜若狂，特意邀请了徐志摩、金岳霖等几位好友在东兴楼小聚。

可好景不长，梁启超的病情再度恶化。这一次，医生已经无力回天。紧急关头，医生决定注射碘酒，随后病人出现了严重的呼吸困难，神志昏迷。梁思成强忍着悲痛，给在南开大学的二叔发急电，让他来见父亲最后一面。

生命总有尽头,让人恋恋不舍的从来不是富贵荣华,而是亲友悲痛的眼神。梁启超知道自己即将离去,他看着身边的每一个面孔,用尽力气伸手去触摸他们的脸,仿佛想要拂去他们的悲伤,留下最后的温度。二叔带着梁思宁匆匆赶来,诀别的时刻终究还是到来了,任凭大家心中多么不舍,也无法改变生命流逝的事实。

1929年1月19日,梁启超在协和医院因病去世,时年五十六岁。梁启超逝世的消息,刊登在各大主流报纸杂志的首页,各界名流撰文追思,为他的不朽人生唱响挽歌。

梁启超逝世后,家人把他葬在了位于北平西山卧佛寺旁的墓园。为寄托哀思,梁思成亲自设计了墓碑,墓碑呈"凸"字形,碑高2.8米,宽2.18米,厚0.71米,墓碑上的字体也是梁思成用心设计的。他没有使用常见的宋体或手写书法体,而是设计了一种方形的美术字,风格上与整个墓的形制十分贴切。墓碑阳面镌刻着"先考任公府君暨先妣李太夫人墓"14个大字,阴面镌刻着"中华民国二十年(1931)十月,男梁思成、思永、思忠、思达、思礼,女适周、思顺、思庄、思懿、思宁,媳林徽因、李福曼,孙女任孙敬立"。

墓碑、墓顶及供台衬墙,均为土黄色花岗岩雕筑而成,前后连接,浑然一体。墓碑没有碑文,也没有任何表明墓主生平事迹的文字。这是梁启超的生前遗愿,梁思成是了然于心的。生前通达四海，身后无一浮词，这便是梁思成心中父亲的一生。

东北的三月，春寒料峭，冰雪尚未融化，梁思成和林徽因的心正如这三月的天气一样寒冷。

一场生死离别，痛彻心扉，但再难过，生活也还要继续向前。安顿好父亲的身后事后，梁思成和林徽因整理好心情，又回到了东北大学。

回到学校的日子依旧繁重忙碌，但因为这一场变故，林徽因的心情和身体都受到了极大的影响，特别是到了怀孕后期，林徽因操劳过度，食欲不振，营养又跟不上，身体状况有些差。梁思成看在眼里，疼在心里，恨不能为妻子分担一些病痛。他多次劝说林徽因在家好好休息，准备待产，但是林徽因还是走上了讲台，她说："只有站在讲台上，面对着我的学生，我才能暂时忘掉身体的不适。"若生命不能增加长度，就增加宽度吧。或许，只有每天看到学生们朝气蓬勃的样子，林徽因才能暂时忘却自己内心的愁苦。

1929年夏末秋初，伴着丝丝凉意，梁思成和林徽因的第一个孩子在沈阳协和医院出生了。

这个小生命的到来，为梁思成和林徽因的生活注入了新的希望。女儿的降临让林徽因真正体会到了"母亲"二字的深沉含义。女子本弱，为母则刚，女儿的每一次皱眉、吐奶都会牵动她的心。梁思成对女儿更是百般疼爱，一有时间就要小心翼翼地接过女儿抱抱，在女儿粉嘟嘟的小脸蛋上轻吻一下，有时也会抱着女儿看得出神。

对于丈夫的想法，林徽因自然是心领神会的。女儿是她和丈夫生命的延续，亦是公公梁启超血脉的传承，因此，林徽因经过一番思量，柔情地对丈夫说道："我们叫她再冰可好？"梁思成答："很好。"

梁启超一生博学多能，笔耕不辍，心系国家，为表达自己对国家社稷忧虑焦灼之情，他把书斋及藏书室取名"饮冰室"，自己也以"饮冰室主人"自居。林徽因为女儿取名梁再冰，也是纪念梁启超的最好方式了。

不久，为了确定东北大学的标志，张学良作为校长设奖征集东北大学的校徽设计方案。林徽因得到消息后，立即着手开始设计。她设计了好几套方案，最终拿出了具有东北特色的校徽主体图案"白山黑水"。

校徽的图案主体为同心圆，在中心圆外上半部正中有八卦中艮卦符号，艮卦代表东北方位，两侧分别为大篆字体书写的"东北大学"字样，这是东三省博物馆委员长金梁的墨迹；中心圆外下方是白山黑水图案，意为长白山和黑龙江，泛指中国东北地区，水的线条也为《易经》中的艮卦形状；图案左侧是熊，右侧是狼，象征东北大学担负保卫和开发建设祖国东北、抵御帝国主义侵略的神圣使命。圆形外围一圈写有繁体字"东北大学"，圆形内圈标有"知行合一"的东北大学校训。如此精妙并富有意义的设计让林徽因的作品在评比中一举夺魁，她自己也因此获得了400银圆的奖励。

新学期伊始，梁思成和林徽因邀请了他们在宾夕法尼亚大学的同学童寯、陈植和麻省理工学院毕业的蔡方荫来此处任教，为东北大学的建筑系增添了新的力量。

在学生时代，这几个年轻人就爱好相似、趣味相投，现在有机会一起工作，相互讨论切磋，总能迸发出新奇的想法，好的教学方案被源源不断地提了出来。在大家的共同努力下，建筑系的教学事业发展得生机勃勃，逐步走向了正轨。

工作之余，梁思成和林徽因同陈植、童寯和蔡方荫成立了"梁、陈、童、蔡营造事务所"，对外承接建筑设计的大小事务，这样既可以实践他们所学的建筑学知识理论，又可以为学生们的教学提供更多的案例分析，一举多得。

事务所成立之后，他们先后接下了不少工程，如设计吉林大学总体、教学楼和宿舍，构建东北电力大学校舍，为官宦人家设计宅院和亭台等。每一项工程他们都认真对待，没有丝毫懈怠。尤其是初建吉林大学时，林徽因和梁思成同陈植等人一起，从设计到施工，几乎倾注了全部的精力与热情。林徽因在看见一张张图纸变成了矗立在阳光下的大楼时，高兴得像个孩子一样抱住了身边的梁思成。

这是他们的心血，他们的梦想。当梦想照进现实的那一刻，无须言语，那紧紧的拥抱就是最好的表达。梁思成明白林徽因的心情，也紧紧地抱住了妻子，幸福地微笑着。

此外，林徽因还与梁思成共同设计了吉林西客站。该车站具有典型的西方古典主义建筑风格，主体建筑为比例匀称的方石结构，屋顶为折型木结构，外挂琉璃瓦，塔楼有爱奥尼柱廊。这是他们又一次成功的实践。

后来，他们还参照沈阳的古建筑风格，设计了沈阳郊区的一座公园——肖何园。公园落成之后，得到了大家的一致好评。

秋去冬来，东北寒冷的气候，加上此前的种种风波，林徽因的肺病复发了。医生认为东北的气候不利于她的疗养，因此1930年冬，林徽因不得不带着年幼的女儿从东北抱病而归。林徽因离开不久后，因为日本帝国主义的侵入，东北的局势也越发动荡不安，使东北大学处于风雨飘摇之中。因此，1931年夏，梁思成也辞掉在东北大学的教职，回到了北平。

筚路蓝缕，以启山林。1928年至1931年在东北大学授课的日子里，梁思成和林徽因不仅为中国高校创建了第一个建筑系，也为自己的建筑梦想迈出了坚实的一步，在东北这片白山黑土留下了一段温暖独特的记忆。

第六章

得失·停留是刹那，转身是天涯

❶ 冷暖交织的光阴

世间繁华，熙熙攘攘，不过弹指一挥间。在匆匆逝去的光阴里，人们所经历的一切，如人饮水，冷暖自知。

回到北平后，梁思成的工作很快便有了着落。他任职于"中国营造学社"，林徽因也被该学社聘请为校理。在"中国营造学社"这个名称中，"营造"两个字正是来自我国北宋时期的建筑大师李诫所写的《营造法式》一书，该学社致力于中国传统建筑的研究和保护，所以，梁思成和林徽因才与考古学家李济，地质学家李四光，史学家陈垣，建筑师赵深、杨延宝等许多学术大家一同加入进来。

把工作安排好之后，梁思成立刻在北平的北总布胡同租下来一个四合院，把林徽因的母亲何雪媛接了过来，与他们共同生活。

告别了东北大学的讲台后，林徽因的精力被刚出生的女儿占去了大半。她的身体状况原本就不太好,怀孕时,梁启超的去世又导致她情绪波动较大,所以在小再冰出生后,她变得十分容易受惊,女儿稍微有一点儿小动静,她就会从睡梦中惊醒。并且,因母乳不足以喂养女儿,林徽因只有选择用牛奶来代替,可小再冰似乎不怎么喜欢牛奶,每次只喝那么一点点,磨蹭到牛奶都凉了,她只好再去加热。

积劳成疾的林徽因还没出月子就病倒了,肺病复发。在医生的建议下,为了让林徽因能得到更好的休养,梁思成在返回北平之后,将她和女儿一起送到了香山的双清别墅居住。

双清别墅建成于1917年,之所以得名"双清",是因为当年乾隆皇帝曾亲自为此处题字"双清"。香山本就环境优美、空气宜人,双清别墅更是花木繁多,别有情趣。别墅的矮墙上爬满了翠绿的藤蔓,到了花期,便会开出星星点点的白色小花,和院子里的一池荷花相呼应。风吹来,花香满院,再加上那淙淙的泉水声,真是让人心旷神怡,一切烦恼似乎都可以在这自然的风光里被消融。

那段时间,每当夜色降临,林徽因总会焚上一炷清香,摆好一瓶插花,身披一袭白绸睡袍,面对一池荷花,在月光下做足诗意的铺垫。

林徽因在酝酿佳作之前,总会做好这一系列的准备,所以常常是诗未成句先自醉了。她笑着对梁思成感慨:"我若是个男人,这情景只一眼便会晕倒。"梁思成则故意气她:"我看了就没晕倒。"林徽因气鼓鼓地转身不再理他,只片刻的工夫,梁思成便会去哄她,夫妻二人笑笑闹闹,羡煞旁人。

在小再冰到了周岁的时候,林徽因时常会带着她在院子里学习走路。看着女儿那粉嫩嫩的脸颊,以及跌跌撞撞又充满了天真童趣的姿态,林徽因常常不由得微微一笑,体会到一种身为母亲的满足和快乐。

林徽因在香山养病期间,她的旧日好友张奚若、凌淑华、沈从文、徐志摩等常常来看望她。

早在得知林徽因和梁思成归国后,徐志摩便与两人恢复了往来。当时,徐志摩已和方令孺等友人创办了《诗刊》。胡适也在1930年底向徐志摩表示,希望他可以到北京大学任教。

徐志摩知道林徽因一向钟爱文学,便将她之前为《诗刊》所写的三首诗都刊印了出来,分别是《仍然》《那一晚》和《谁爱这不息的变幻》。林徽因的诗风和她的人一般,都是极尽温柔和清丽的。看看自己的灵感跃然纸上,被刊印成了铅字,被各地的读者所吟诵、欣赏,林徽因真是开心极了,整个人的气色好了许多,也长胖了一些。

又过了一段日子,徐志摩同张歆海夫妇、张奚若夫妇又来看望林徽因。林徽因半是烦恼半是玩笑地问来访的老朋友们:"我是不是长胖了?"张歆海的夫人名叫韩湘眉,和林徽因的性子一样,是个活泼、爱开玩笑的女子,便俏皮地打趣说道:"哎呀,要我说,你何止长胖了呀,还被这山上的阳光晒黑了许多,现在啊,竟像个印度的美人儿啦!"此话一出,林徽因和其他几人立刻哈哈笑了起来。老友们聚在一起,总是会有欢声笑语啊!

在一起喝过下午茶之后,林徽因感觉自己精神还不错,便决定陪老友们一起去爬山。一行人沿着山路,看着碧水青山,心里很是畅快,特别是林徽因,还兴致盎然地站起来,为朋友们朗诵了她近日的新作——《一首桃花》:

桃花

那一树的嫣红

像是春说的一句话

朵朵露凝的娇艳

是一些

玲珑的字眼

一瓣瓣的光致

又是些

柔的匀的吐息

含着笑

在有意无意间

生姿的顾盼

> 看
>
> 那一颤动在微风里
>
> 她又留下，淡淡的
>
> 在三月的薄唇边
>
> 一瞥
>
> 一瞥多情的痕迹

对于林徽因的这首诗，徐志摩的评价是："与前人的'记得绿罗裙，处处怜芳草'是同一种境界。"

在香山的日子里，林徽因诗兴大发，接连写出几首诗作。如《深夜里听到乐声》《激昂》《莲灯》和《情愿》等，都赢得了很多人的称赞。

朋友们聚在一起的时候，林徽因总是迫不及待分享自己的作品。所谓诗意流畅时，也是美到动人处。此时的林徽因，声音低柔、双眸含笑，那诗句从她的口中读出来，仿佛变成了千树万树的桃花，流露出一片粉红的意境。

❷ 伤逝

　　风华若一捧流沙，记忆像是倒在掌中的水，无论摊开还是握紧，终究会从指缝中一点一点流淌干净。

　　1931年，对于林徽因来说，是美好的一年，亦是悲伤的一年。

　　山中岁月容易过，转瞬林徽因已在双清别墅休养了大半年，在诗情美景的陶冶下，她的身体逐渐恢复如初，病已痊愈，于是准备回到北总布胡同三号院的家中。下山的那天，微风习习，红枫歙歙，接她回家的不仅有梁思成，还有徐志摩、沈从义、温源宁等一众好友。因为高兴，梁思成特意在北京图书馆办了一桌宴席，给林徽因接风。

　　一觚浊酒尽余欢。几个文学挚友欢聚一堂，细数往日的悲欢离合，也借一腔豪情憧憬未来。

　　席间，看到林徽因神采奕奕，兴致正浓，徐志摩也是高兴的。但酒过三巡，思及过往，徐志摩不禁眉心一锁，暗有心伤。心细如发的林徽因觉察到了徐志摩的异样，看着他忽然间沉下去的脸色，柔声问他近日生活是否有什么烦恼。可潇洒从容如徐志摩，在面对生活的一地鸡毛时，只有一声长长的叹息。

他出生在富贵之家，天资聪颖，对爱情有着极致的追求。上天安排他遇到了陆小曼——一个面容姣好、才情满腹的女子。

最开始，徐志摩是欢喜的。在与陆小曼热恋之时，他就写下了《爱眉小札》，文字炽热，深情款款。即使千万人反对，他还是坚定地牵着她的手一起步入了婚姻的殿堂。新婚的日子总如诗，可浪漫惬意的生活却没有持续太久。

作为上海名媛，陆小曼过于热衷养尊处优的生活，喜欢流连于热闹的十里洋场。因此，她常常挥金如土，生活作息也不规律。在这样日复一日的娇纵中，陆小曼身上那曾经让徐志摩热爱的艺术灵性渐渐消失了。

徐志摩与陆小曼住在上海福熙路的一座石库门洋房中，家里有用人若干，包括司机、保姆等。他每次回家，面对的不是温柔贤惠的妻子，而是一个空荡荡的房间——陆小曼常常流连夜场，在天蒙蒙亮的时候才回家，下午两三点才起床。

不过，他依然深爱着她。为了满足她的消费需求，即使父亲早已与他断绝了经济往来，最爱他的母亲也刚刚过世，他还是强打起精神到处讲课或赶写诗文，以求多赚一些钱。他也常常婉转地劝诫陆小曼,要改正不良的生活和消费习惯,但作用不大。

这一边,陆小曼在觥筹交错中醉生梦死;那一边,徐志摩却疲于奔命,不堪重负。要知道,在当时的社会环境下,人均年薪为五块大洋,而徐志摩一年可以挣几百大洋,即便如此,也满足不了陆小曼的花销。为了挣钱,他奔波操劳,身体状况越来越糟。甚至为了挣钱,他跟一些朋友也疏远了,心中郁闷,无人可解。可是,这一切,在徐志摩去世之前,陆小曼一无所感。

后来,徐志摩又应胡适之邀,任北京大学教授,兼北京女子师范大学教授,以贴补家用。要知道,仅仅半年的时间里,他就在上海和北京两地来回奔波了八次。徐志摩无数次盼望陆小曼可以北上来看望他,哪怕只是一次也好,但陆小曼沉浸在大上海的奢华生活中,一次也不曾满足他的心愿。

身为一个诗人,徐志摩竟忙着为蒋万里出售上海愚园的房子做中间人,想挣点跑腿钱。想起这些窘境,他毫不犹豫地拿起笔来写道:"说什么以往,骷髅的磷光。"原来,当梦想碰撞到现实,只能是星碎的磷光。

宴席结束后,一群朋友一起去看京戏。徐志摩对林徽因说:"过几天我回上海一趟,如果走前没有时间再来看你,今天就算给你辞行了。"林徽因点头,并邀请他参加她11月19日晚上在北平协和小礼堂为外国使节开办的中国古典建筑美学讲座。

"那太好了。"徐志摩说道,"我一定如期赶回来,做你的忠实听众。"

林徽因未曾想到,那晚仓促的告别,竟成了他们一生的告别,那一场约定终未实现。

多年以后,当林徽因乘火车路过硖石——徐志摩的故居,回忆到这个约定,心痛到流泪:"在昏暗的夜色里,我独立火车门外,凝望着那幽暗的站台,默默地回忆许多不相连续的过往残片,直到生和死居然幻成一片模糊。人生和火车似的蜿蜒,一串疑问在苍茫间奔驰。"

1931年11月19日晚,北平协和小礼堂灯火辉煌,座无虚席。十几个国家的驻华使节和专业人员济济一堂,聆听林徽因开设的中国古典建筑美学讲座。当穿着珍珠白色毛衣、深咖啡色呢裙的林徽因,轻盈地走上讲台时,所有观众的眼睛都为之一亮。作为中国第一代女建筑学家,这位只有二十七岁的女子以独有的风度惊艳了在座的众人。

她标准的英语发音如空山流泉般在人们的耳际响起:"女士们,先生们!建筑是全世界的语言,当你踏上一块陌生的国土的时候,也许首先和你对话的,便是这片土地上的建筑。它会以一个民族所特有的风格,向你讲述这个民族的历史,讲述这个国家特有的美的精神,它比写在史书上的形象更真实,更具有文化内涵,带着爱的情感,走进你的心灵。"

她精彩的开场白,赢得一阵热烈的掌声。

在演讲台上,林徽因将她心中的建筑文化和历史娓娓道来。她说,漫长的人类文明历程,多少悲壮的历史情景,梦幻一般远逝,而在自然与社会的时空演变中,建筑文化却顽强地挽住了历史的精神气质和意蕴,它那统一的空间组合、比例尺度、色彩和质感的美的形态,透视出时代、社会、国家和民族的政治、哲学、宗教、伦理、民俗等意识形态的内涵,我们不妨先看北平的宫廷建筑。她讲得生动流畅,听众也听得如痴如醉。

一位使节站起来问:"对不起,林小姐,请允许我提一个问题,马可·波罗同样来自一个文明古国,那里有古罗马角斗场和万神殿,整个古罗马文化,都可在同时代建筑中找到投影。他来到中国的元大都,究竟是什么东西把他震撼了?"

林徽因笑了笑,回答道:"吸引了马可·波罗的是中国建筑中表现出的人和天地自然无比亲近的关系。中国传统的建筑群体,显示了明晰的理性精神,最能反映这一点的,莫过于方、正、组、圆的建筑形态。方,就是刚才我讲过的方九里、旁三门的方形城市,以及方形建筑、方形布局;正,是整齐、有序,中轴、对称;组,是简单的个体,沿水平方向,铺展出复杂丰富的群体;圆,则代表天体、宇宙、日月星辰,如天坛、地坛、日坛、月坛。不过中国的建筑艺术又始终贯彻着人为万物之灵的人本意识,追求人间现实的生活理想和艺术情趣,正是中国的建筑所创造的'天人合一',及'我以天地为栋宇'的融合境界,感动了马可·波罗。"

现场再次爆发出热烈的掌声。

来协和小礼堂演讲以前,林徽因曾与梁思成说:"志摩这人向来不失信,他说要赶回来听我的讲座,一定会来的。"但是,直到演讲结束,她也没能看到徐志摩。

当演讲结束,礼堂里响起热烈的掌声,她的眼睛却不知为何噙满了泪水。她不知道这莫名其妙的情绪来自哪里,就是感受到一股突如其来的哀伤,令她阵阵心慌。

直到看到《北平晨报》刊登的飞机失事的消息,林徽因两眼发黑,双腿一软,几度昏厥。"京平航空驻济办事所主任朱凤藻,二十早派机械员白相臣赴党家庄开山,将遇难飞机师王贯一、机械员梁壁堂、乘客徐志摩三人尸体洗净,运至党家庄,函省府拨车一辆运济,以便入棺后运平,至烧毁飞机为济南号,即由党家庄运京。徐为中国著名文学家,其友人胡适由北平来电托教育厅长何思源代办善后,但何在京出席四全会未回。"

徐志摩在散文《想飞》中的那几句话浮现在她的脑海中:"同时天上那一点子黑的已经迫近在我的头顶,形成了一架鸟形的机器,忽的机沿一侧,一球光直往下注,砰的一声炸响——炸碎了我在飞行中的幻想,青天里平添了几堆破碎的浮云。"

徐志摩的灵柩被运往上海万国殡仪馆,在静安寺举行追悼仪式。公祭在北平的北大二院礼堂举行，由林徽因主持，胡适、周作人、杨振声等到会致哀。他们知道徐志摩的生命虽然消逝在了壮年，但他诗意的灵魂却将永存世间。

张歆海、韩湘眉的挽联椎心泣血：

十数年相知情同手足；一刹那惨剧痛切肺腑。
温柔诚挚乃朋友中朋友；纯洁天真是诗人的诗人。

杨杏佛的挽联不胜哀痛：

红妆齐下泪，青鬓早成名，最怜落拓奇才，遗受新诗又不朽；
少别竟千秋，高谈犹昨日，共吊飘零词客，天荒地老独飞还。

庐隐和李惟建夫妇的挽联是一片手足之情：

叹君风度比行云，来也飘飘，去也飘飘；
嗟我哀歌吊诗魂，风何凄凄，雨何凄凄。

林徽因则和着眼泪写下了《悼志摩》：

> 我们不迷信的，没有宗教地望着这死的帷幕，更是丝毫没有把握。张开口我们不会呼吁，闭上眼不会入梦，徘徊在理智和情感的边沿，我们不能预期后会。对这死，我们只是永远发怔，吞咽枯涩的泪；待时间来剥削着哀恸的尖锐，痂结我们每次悲悼的创伤。

这是他们相识的第十年，也是最后一个十年。

为了纪念这位好友，林徽因流着泪，编了个用铁树叶做主体，缀以白花的小花圈，中间嵌着徐志摩的照片，让梁思成带到飞机失事地点，敬悼于徐志摩的灵前。

林徽因总是能想起，多年前他站在康桥上，眉目间都是得意，对命运从不妥协。他对诗歌的热爱，他对爱情的痴心，他对朋友的真诚，他热爱的暑夜观星、戏剧诗画，都是那样生动而滚烫。"那一年他在这同一个的报纸上写了那篇伤我父亲惨故的文章，这梦幻似的人生转了几个弯，曾几何时，却轮到我在这风紧夜深里握吊他的惨变。这是什么人生？什么风涛？什么道路？"

❸ 眉梢上的诗意

平凡的日子里，内心丰盈的人，总能活出千种姿态。

在北平的一处小院落里，曾有过一处充满文艺情调的"太太的客厅"。这是林徽因发起的文化沙龙，聚集了朱光潜、梁岱宗、金岳霖、沈从文、张奚若、钱端升等大批社会名流和文化巨子。

不同于夜场的纸醉金迷，他们谈论的话题囊括了政治、经济、艺术、诗词歌赋、历史哲学等。他们可以从天南地北论到中外古今，一杯茶续了又续，点心变着花样上桌，"太太的客厅"热闹非凡，座无虚席。

这里的灵魂人物非林徽因莫属，每当她侃侃而谈时，所有名流皆注目于她。她时而高谈阔论、慷慨激昂，时而温柔婉约、轻声慢语，让人惊叹上天如此厚爱这个女子，竟然完美集结才、貌、情于一身，受众人喜爱。

身为座上宾的萧乾曾回忆道:"她的话讲得又多又快又兴奋。徽因总是滔滔不绝地讲着,总是她一个人在说,她不是在应酬客人,而是在宣讲,宣讲自己的思想和独特见解。哪个女人敢于设堂开讲,这在中国还是头一遭,因此许多人或羡慕,或嫉妒,或看不惯,或窃窃私语。"

这其中的非议,林徽因也晓得。但是自徐志摩去世后,她更加懂得生命的意义。她要珍惜有限的华年,散发光与热,做一些真正喜欢的事情。至于那些居心叵测的闲言碎语,她不屑于花时间去在意。

林徽因说:"我认定了生活本身是矛盾的,我只要生活;体验到极端的愉快,灵质的,透明的,美丽的近于神话理想的快活。"这是她对生活的理解,也是她对"太太的客厅"的定义。

客厅里,人群聚了又散,但林徽因并不会感到失落。人来了,她高谈阔论;人走了,她会找一个安静的角落,修改草图或写一首新诗。生活的每一面,都是她喜欢的样子。

"太太的客厅"中,有一个人物不得不提。他不算是林徽因的朋友,更像是梁家的亲人,这个人便是金岳霖。金岳霖住在梁家隔壁,两座宅子中间有一个小门,所以每每到了林徽因会客的时候,金岳霖总是第一个来,最后一个走。

金岳霖是位极有趣的哲学家,常年戴着一顶呢帽,在逻辑学上颇有造诣。他曾经留学宾夕法尼亚大学和哥伦比亚大学,是清华大学哲学系的创办人，将西方哲学与中国哲学巧妙地融合在一起，独创了一套哲学体系。相似的文化背景和思维方式，使得两家人相处得极为融洽，林徽因与梁思成习惯亲切地称他为"老金"。

老金有些怪癖，他是个单身汉，喜欢养斗鸡和蟋蟀。吃饭时，他的那只斗鸡也会登堂入室地啄食桌上的菜肴，一人一鸡十分和谐。林徽因与梁思成都很喜欢老金这个朋友。金岳霖常常去梁家蹭饭吃，图个热闹，也省得自家开火。

梁思成与林徽因有时也会捉弄他。有一天，金岳霖正满头大汗徜徉在哲学的世界里，忽然听见"老金——老金"的声音，竟然来自头顶。他连忙推门跑出去，到院子里一看，隔壁小两口竟然站在他家的屋顶上，看着他哈哈大笑。

梁思成与林徽因因为工作关系，都善于徒手攀爬。即便如此，老金看着两个人还是很担心，他假装生气地喊起来："你们赶快给我下来！"梁思成夫妇笑着交换了个眼神，互相搀扶着慢慢爬了下来。从那之后，金岳霖的房顶上常常响起"老金——老金"的男低音，三个人像孩子一样，闹作一团。

相处时间久了，林徽因的风雅让金岳霖彻底折服了。当林徽因渐渐发现，老金看自己的眼神发生了变化时，她有些慌乱，但她没有选择隐瞒，而是坦诚地告诉了梁思成："我苦恼极了，我同时爱上了两个人，不知怎么办才好。"梁思成沉默了，一夜未眠后，他对林徽因说："你是自由的，如果你选择了老金，我祝愿你们永远幸福。"

金岳霖听说之后，对梁思成的大度无比佩服。他对林徽因说："看来思成是真正爱你的，我不能伤害一个真正爱你的人，我应该退出。"

这段故事后来成为很多人攻击林徽因的话柄，认为她是一个对感情不忠的人。可如果感情来得汹涌，无法预料，不能阻拦，那么这三个人诚实且理智的处理方式，可谓教科书一样的典范。最后，他们都真诚面对自己的内心，做出了正确的选择，并毫无芥蒂地成为终身好友，这让人不得不钦佩。

在梁思成与林徽因偶尔吵架的时候，金岳霖还会出面劝解和仲裁，帮助两个人重归于好。金岳霖曾为梁思成夫妇作了一副对联，"梁上君子，林下美人"，精准地概括了两个人的状态。

1932年春，林徽因与梁思成向老金告别，因为他们要去考察卧佛寺、独乐寺、八大处等地的古建筑。之后，梁思成在《中国营造学社汇刊》发表了报告《蓟县独乐寺观音阁山门寺》。

但在这次考察中，连日奔波劳累，林徽因的身体状况愈加不好了。到了当年的6月中旬，林徽因不得不再次回到香山养病。

在香山养病期间，她触景生情，想起了英年早逝的徐志摩。在一个夜凉如水的夜晚，看着满院的瓣瓣落红，对徐志摩的缅怀与追忆再次涌上了林徽因的心头，夹杂着无可奈何花落去的惆怅，带着挥之不去的淡淡伤感与愁绪。

在徐志摩去世半年之后，她终于鼓起勇气为他写下了这样一首诗——《别丢掉》。

> 别丢掉
> 这一把过往的热情，
> 现在流水似的，
> 轻轻
> 在幽冷的山泉底，
> 在黑夜，在松林，
> 叹息似的渺茫，
> 你仍要保存着那真！
> 一样是明月，
> 一样是隔山灯火，
> 满天的星，只有人不见，
> 梦似的挂起，
> 你向黑夜要回
> 那一句话——你仍得相信
> 山谷中留着
> 有那回音！

这首诗的情感基调是清冷哀怨的,正如林徽因写诗时的心情。她要借诗来表达集聚在内心深处的情感——她的无奈、伤感与痛苦。

斯人已去,想着徐志摩"过往的热情"如今也已变成"叹息似的渺茫",她要留住这份"过往的热情",不想就这样丢掉,只能在心里埋葬,筑一座坟,以作祭奠。

④ 人间四月天

东流逝水,落叶纷纷。1932年8月,林徽因和梁思成的第二个孩子出生了,取名为从诫,意在纪念那部中国古代建筑经典《营造法式》的作者李诫。

在北总布胡同三号院里,林徽因常会一手牵着三岁的再冰,一手抱着襁褓中熟睡的从诫,在洒满阳光的院子里踱步。院子里有两棵高大的樱花树和几棵开白色或紫色小花的丁香树。客厅的窗户朝南,窗台不高,有中式窗棂的玻璃窗,冬天的阳光可以照到屋里很多地方。窗前的梅花,是林徽因最喜欢的。

长大后的梁从诫曾这样回忆起母亲:"母亲不爱做家务事,曾在一封信中抱怨说,这些琐事使她觉得浪费了宝贵的生命,而耽误了本应做的一点对于他人、对于读者更有价值的事情。但实际上,她仍是一位热心的主妇,一个温柔的妈妈。三十年代我家坐落在北平东城北总布胡同,是一座有方砖铺地的四合院,里面有个美丽的垂花门，一株海棠，两株马缨花。中式平房中，几件从旧货店里买来的老式家具，一两尊在野外考察中拾到的残破石雕，还有无数的书，体现了父母的艺术趣味和学术追求。当年，我的姑姑、叔叔、舅舅和姨大多数还是青年学生，他们都爱这位长嫂、长姊，每逢假日，这四合院里就充满了年轻人的高谈阔论，笑语喧声，真是热闹非常。"

看着家里的一切都沐浴在阳光中，身边还有两个可爱的宝贝陪伴，此时此刻，林徽因是幸福的。其实，越是深刻的快乐，往往越是简单，不是吗？

同样在1932年，美籍学者费正清、费慰梅夫妇在北平与梁思成和林徽因不期而遇。费正清当时是牛津大学的博士研究生，来北平完成他的博士论文，研究新近对外公布的一批清朝海关档案。费慰梅是地道的美国人，父亲是哈佛大学医学院教授，同时还是"全世界的科学家都知道"的伟大生理学家，母亲既是旅行家又是作家。费慰梅十六岁时便在墨西哥学习艺术，后与费正清成婚，同样醉心于中国文化，致力于研究中国艺术与建筑。费慰梅是后来到的北平，她毕业于美国哈佛大学的女校拉德克利学院，主修美术专业。她和费正清是在北平的一处四合院里举办的婚礼。

梁思成和林徽因既熟悉美国波士顿，又熟悉英国伦敦，和钟情中国文化的费正清夫妇相遇在清华大学。这一遇，便是一生的友情。

后来费慰梅回忆道,她是在和费正清结婚大约两个月后,遇见的梁思成和林徽因夫妇,谁都没料到这段友谊日后会持续如此之久……他们"一见钟情"。就这样,费慰梅闯进了林徽因的生活,她时常在傍晚时分骑自行车或坐人力车到梁家,穿过内院去找林徽因。她们在客厅中一个舒适的角落坐下来,泡上两杯热茶后,就迫不及待地把那些想为对方讲述的故事一股脑儿倒出来……

骑马是费慰梅介绍给林徽因的第一项娱乐活动,她知道以林徽因的性格一定会喜欢骑着马驰骋在草原上的恣意。正如她所料,林徽因在几次练习后便很快掌握了骑马的要领,热爱上了这项运动,骑士服、马裤、马靴、皮帽、手套,林徽因的骑马装备一应俱全。缰绳松弛,不疾不徐,偶尔扬鞭策马,她像极了忠勇的骑士。马背上的林徽因总是能感到前所未有的轻快,仿佛自己是一切的主宰,哒哒的马蹄是凌空的姿态,耳鬓与风声厮磨,长鬃飞扬,好不畅快。

真正让费、林间友谊迅速升温的还要归功于一次山西之行,在那之前,林徽因还在柴米油盐间挣扎,一方面要照顾小脚体弱的母亲,另一方面要照顾嗷嗷待哺的幼子,还有打理不完的家中琐事。每天伴着清晨第一缕光而来的不是什么诗意情怀,而是采购、做饭、收拾、洗涮。"在困难的三餐中间根本没有时间感知任何事物,最后我浑身痛着呻吟着上床,我奇怪自己干吗还活着。这就是一切。"

林徽因被没完没了的家务消磨着,费慰梅看在眼里,很是心疼。恰巧那时费正清在山西一个偏僻的小村子里租到了一所房子,为了将好友林徽因从繁杂的家务中解救出来,费慰梅便向梁思成夫妇发出了来山西考察、度假的邀请。

净透的天,缓流的云,山山水水夹杂着星星点点的村落、堡垒,夕阳的余晖洒落庙角、塔顶,目及之处都是让人心醉的美。原本林徽因并未规划山西一行,奈何好友几度相邀,盛情难却,未料一到了山西却真真被震撼,再不想重拾装着她满腹牢骚的家事。

两对夫妇朝夕共处,彼此扶持,跋涉了许多的路:汾阳、太谷、平遥、赵城、霍县、灵石……多少古今兴废事,旧迹置存。"由庄外遥望,十数里外犹可见,百尺矗立,崔嵬奇伟,足镇山河,为建筑上之荣耀。"在草丛中读碑碣,在砖堆里淘古物,摩肩而过的稚子、耄耋、乡野村妇无不是沿途点缀,他们的贫瘠从不上眉眼,面相尽是明净和鲜亮。举着晨光,背驮夕阳,被快乐压弯了腰,笑声漾满了山林、村落。那是林徽因暌违多年的感觉,是平坦,是辽阔,是平行着地面向更远处舒展,舒展到大地的边沿。她的诗意终于真切地回来了。

在费慰梅眼里,林徽因真实而空灵。她未见过林徽因少女时代的青春美貌、热情幻想,但见证了林徽因为人母后的坚忍从容、娴静优雅。她总是回忆起林徽因对她说的那段话:"那是一段当我还是个小姑娘时在横渡印度洋回家的船上所熟悉的乐曲——好像那月光、舞蹈表演、热带星空和海风又都涌进了我的心底,而那一小片所谓的青春,像一首歌中轻快而短暂的一瞬,幻影般袭来,半是悲凉,半是光彩,却只是使我茫然。"林徽因用诗意的语言,向她的朋友描绘了她心底斑斓而流光溢彩的缤纷世界,费慰梅也从这位东方母亲身上嗅到了浓浓的诗人气息。

身为两个孩子的母亲,林徽因也不是没有过无奈与彷徨。处在世俗婚姻里的林徽因,相夫教子,奉养老人,关心物价自不必说,还要担心时局动荡。作为梁家长嫂、林家长女,她还要处理梁林两个大家族许多亲戚之间的关系。她也有过迷茫,曾对费慰梅说道,当她在做那些家务琐事的时候,总是觉得很悲凉,因为她冷落了某些她虽不认识,但对于她更有意义、更重要的人们。所以,她总是匆匆干完手头的活,以便回去同别人"谈话",又常常因手上的活总是干不完而变得很不耐烦。

如果她忙于写作或做类似的事,就会觉得快乐,因为觉得做了更有价值的事。只有在孩子生了病或体重减轻时她才会感到不安,半夜醒来会想,她这么做,究竟是对还是不对。

林徽因终究是不甘心拘泥于琐碎生活的人。她不可能允许自己永远在日复一日的柴米油盐的磨损中,失去生命的光泽和质感。

对于平衡生活,林徽因有自己的想法和做法。她虽无法让自己抽身于生活之外,但她会努力给艺术留下一方空间。看到画展,她能想到建筑,想到诗歌,想到音乐;听到音乐,她也能想到诗歌,想到绘画,想到建筑。在她心中,建筑、音乐、诗歌、绘画都是交融互通的,每一次悸动的出现,都能使她热泪盈眶。

她思路敏捷、心思细腻,即使被琐碎的生活团团包围,眼角眉梢也总能闪现出一股如诗一般空灵飘逸的神采。她用眼睛去发现美,用心灵去创造美,用智慧和才情去延伸美。这是她身上具有的一种独特精神气质,也是一种无法言喻的魅力。

光阴如水,寂寞轻染,唯有心间一阵盈香暗展,带着凄美的薄凉。剪一段清愁,研一池墨香,写意成最初的模样,在静夜里吟唱那淡淡的忧伤。

1934年4月,为了悼念徐志摩,也为了庆祝儿子的出生,林徽因在《学文》第一卷第一期上发表了她那首最脍炙人口,从艺术水准上完全可以载入诗歌历史的著名的《你是人间的四月天》。

    我说你是人间的四月天;
    笑响点亮了四面风;
    轻灵在春的光艳中交舞着变。

你是四月早天里的云烟,

黄昏吹着风的软,

星子在无意中闪,

细雨点洒在花前。

那轻,那娉婷,你是,

鲜妍百花的冠冕你戴着,

你是天真,庄严,

你是夜夜的月圆。

雪化后那片鹅黄,你像;

新鲜初放芽的绿,你是;

柔嫩喜悦,水光浮动着你梦期待中白莲。

你是一树一树的花开,

是燕在梁间呢喃,

——你是爱,是暖,是希望,

你是人间的四月天!

这首诗里的比喻和想象,是极新颖和大胆的。轻风、云烟、星子、细雨、百花、圆月、白莲等意象用于刻画四月的景色,描绘出一幅和风习习、百花吐蕊、阳光和煦、春色浓郁的四月风光,细腻而韵味无穷。

四月是蕴含希望、热情与梦想的时节,寄托了每个人心中最美好的祈愿。林徽因将心中的所有情感化为一句句对四月天的赞美,真挚而浪漫,既和她以往的诗一样的清新,却又胜于往日的任意一首,它传达出的温暖和愉快是来自诗人内心深处的。风格上既不甜腻,又不灼热,温暖而纯净,绵软而轻柔,极富女性的细腻与深情,让人读之无不感到诗意生香,仿佛身临其境。因此,在数十年之后,它成为林徽因最使人念念不忘的一首诗。

每当春暖花开的时候,当人们为春的美丽而欢喜雀跃时,就会自然而然地吟诵出她的这首《你是人间的四月天》,感叹一句:"你是爱,是暖,是希望,你是人间的四月天!"

作为诗的作者,林徽因也如这四月天一般美好而充满诗意。这样一位女子,注定是让人见之倾心、刻骨难忘的。

第七章
颠沛·热血为祖国涌动

❶ 文字的火焰

　　林徽因最喜欢的时刻，莫过于伏案写作时。一扇窗，一张桌，一把椅，一盏灯，窗外或阳光灿烂、风吹轻抚，或月光皎洁、虫鸣啾啾，一个人伏案而坐，手握一支笔，将自己一缕缕的遐思或某些零碎的念头记在书卷上，静而柔美。

　　林徽因最热爱的无疑是建筑，可对于文字，她也是极有天赋的，其文学上的造诣，并不比她在建筑学上的成就逊色。就连丈夫梁思成都不得不承认："我擅画图，徽因擅为文，我的文章都是林先生润笔过的。"

　　的确，夫妇二人创作的文章无一不是林徽因修改过的。不仅如此，在《中国建筑史》里面，建筑分期中关于五代、宋、辽、金的部分内容以及其他作品的相关内容，也都是林徽因亲自执笔的。在感叹这本著作内容翔实、专业性强的同时，我们仿佛可以看到她置身于那些宫阙庙宇前，或抚墙而叹，或感慨万千，任不同朝代所特有的城墙扯动着她的思绪,在不同朝代中畅游……

作为一代才女,在很多人眼中,林徽因就是"上帝的宠儿"。尽管他们知道,林徽因的幸运有她自己的努力。但这些都不是林徽因所在意的,她在意的,只是在进行建筑科学研究之余,用自己钟情的文字,挥洒一身才华,搭建一个属于自己的诗意的世界。

在进行文学创作时,林徽因感觉自己就如同徜徉在星河中一般,原来做自己喜欢的事,是这么美妙的感受!

林徽因擅长写诗。读过她诗的人,无一不被她诗中的那种温婉柔情所感染。哪怕只是一片落叶、一只孤鸟、一滴残酒,甚至是一个没有星月的夜,也能勾起她无限的遐想,让她写出动人的诗篇。

1931年4月,她在《诗刊》上发表了《谁爱这不息的变幻》。

> 谁爱这不息的变幻,她的行径?
> 催一阵急雨,抹一天云霞,月亮,
> 星光,日影,都是她的花样,
> 更不容峰峦与江海偷一刻安定。
> 骄傲的,她奉着那荒唐的使命:
> 看花放蕊树凋零,娇娃做了娘;
> 叫河流凝成冰雪,天地变了相;

都市喧哗，再寂成广漠的夜静！

虽说千万年在她掌握中操纵，

她不曾遗忘一丝毫发的卑微。

难怪她笑永恒是人们造的谎，

来抚慰恋爱的消失，死亡的痛。

但谁又能参透这幻化的轮回，

谁又大胆地爱过这伟大的变幻？

林徽因的诗带有新月派诗歌中所普遍拥有的音乐美和建筑美的特点。在诗中，她习惯直接地将她自己的情绪与诗的音节律动统一起来，而对于诗的形式以及格律，她并不刻意拘泥于规范。她的诗，不乏格式上的灵动与清新，在字里行间蕴藏着一种"增一分则长，减一分则短"的玄妙，在诗歌追求格律的同时还能让读者感受到另外一种圆润的美，读出一种温柔清新、和悦流畅的感觉。

林徽因的诗写得好，是广为人知的，但很多人不知道的是，她的小说也写得淡雅脱俗。

常言说，诗文一家。在诗歌艺术的影响下，林徽因的小说创作也具有浓重的诗意，小说语言似诗一般，淡化了故事情节，用明净的镜头捕捉人生中难忘的片段，让人在读过之后自心底涌出一股暖意。

1931年，林徽因在《新月》杂志上发表了她的第一篇小说——《窘》。在这篇小说中，她讲述了男主人公维杉（一位中年教授）和其朋友的女儿芝陷入了一种道德理智和情感欲望所交织的窘迫中的故事。尽管维杉无数次想要接近这位早熟的少女，但他内心深处的理智却在一遍遍地提醒着他伦理道德对人的约束。

值得一提的是，这部小说还巧妙体现了建筑美的特点。题目中的这个"窘"字恰如房屋建筑中的"梁柱"一般，将全文这座房屋的框架支撑了起来。围绕着这根"梁柱"，林徽因根据弗洛伊德心理分析的"图纸"搭建了属于20世纪30年代独身知识分子的精神房屋。她利用她所擅长的温婉的心理描写，使得小说中的人物跃然纸上，让这个简单的故事在人物复杂的心理变化过程中跌宕起伏，让读者在其中感受心痒，体会哀伤。

作为林徽因的第一部小说，《窘》在发表之后便受到了广泛好评，这对初次尝试小说创作的她来说，不失为一种莫大的鼓舞，同时使她发现，除了诗歌，她还可以通过另一种文学形式搭建一片天地。

在成功喜悦的笼罩下，她再次执笔，写了她生命中重要的一部作品——《九十九度中》。这篇小说并不同于《窘》的故事架构那般简单。如果说《窘》像一座简易结构的建筑，那么这部《九十九度中》就如鸟巢般，给人一种错综复杂之感。

小说《九十九度中》的主要人物有几十个，十几处场景不停变换。在温度高达华氏九十九度（37.2℃）的一天之中，有操办七十大寿的热闹非凡，有奉命成婚的遍地凄楚，也有患病无处医的人间疾苦……读者仿佛也置身于那高温环境中，感受着小说中北平城里的热闹、悲欢离合……

李健吾先生慧眼独具，早在1935年就给予《九十九度中》以很高的评价。他说："一件作品或者因为材料，或者因为技巧，或者兼而有之，必须有以自立。一个基本的起点，便是作者对于人生看法的不同。由于看法的不同，一件作品可以极其富有传统性，也可以极其富有现代性。"

"在我们过去短篇小说的制作中，尽有气质更伟大的，材料更事实的，然而却只有这样一篇，最有现代性；唯其这里包含着一个个别的特殊的看法，把人生看做一根合抱不来的木料，《九十九度中》正是一个人生的横切面。在这样一个北平，作者把一天的形形式式披露在我们眼前，没有组织，却有组织；没有条理，却有条理；没有故事，却有故事，而且有那样多的故事；没有技巧，却处处透露匠心。……一个女性细密而蕴藉的情感，在这里轻轻地弹起共鸣，却又和粼粼水波一样轻轻地滑开。"

"在我们好些男子不能控制自己热情奔放的时代，却有这样一位女作家，用最快利的明净的镜头（理智），摄来人生的一个断片，而且缩在这样短小的纸张（篇幅）上。"

在这部作品中，她用一种立体的上帝视角，从高空俯瞰这些人物和场景，仿佛一切都在她的掌控之中。她似一位成熟的导演般有条不紊地指挥着各位演员按次序出场，如抽丝剥茧般为我们展示了那一日北平种种热闹的、离奇的事件。看似杂乱无章，却又环环相扣、相互联系，这与现代建筑中的"打散重构"原理在某种程度上存在着一定的联系。作者使得不同人物和不同事件相互错乱，恰似榫卯结构般相互交织，最后以情感为梁柱，完成了这座"文学的建筑"。

不过，林徽因的脚步从未因这一时的掌声和鲜花而停止不前。她，一直在努力奔跑。

在尝试了小说创作之后，林徽因还试着创作剧本。她在美国留学时所学的舞台设计恰好将她和舞台联系在一起，在不同角色的引领下，感受不同的细腻情感。

在20世纪30年代，林徽因创作了四幕话剧《梅真同他们》，为人们讲述了大户人家里丫头梅真的故事。梅真活泼聪慧、率性天真，十分讨李家二太太李琼的欢心，所以自小被其视若己出，与其他小姐同吃同学。但福祸相依，这样的好运气引起了长房太太以及大小姐文娟的嫉恨，梅真常常受到她们的刁难和冷落。她心中默默喜欢着二少爷，而二少爷尽管在启蒙运动的影响下思想有所解放，但还是因为二者之间地位的差异选择了回避。

遗憾的是，这部四幕话剧没有完结。当时，前三幕已经发表在《文学杂志》上并成功演出，但第四幕因为抗日战争的爆发不得不中止演出。尽管梅真的命运在前三幕中已经有了明显的暗示，但还是有人追问林徽因："梅真最后怎么样了？"林徽因却开玩笑似的说道："抗战去了！"

1936年，在《大公报》所设立的"大公报文艺奖金"评选活动中，林徽因还作为评委提出了一些她在编选小说过程中的所感所想。她发现，在绝大多数作品中，农村以及劳动者生活题材的作品占据了很大一部分，而其中真正能体现对劳动人民同情的作品却少之又少。她的观点一针见血，指出了生活经历和情感在文学创作中的重要作用，受到了大家的一致赞同。

林徽因既是中国建筑史上不可多得的优秀女性建筑大师，亦是世人眼中当之无愧的才女，但她始终"俏也不争春"，只顾怀着无比深沉的热情在建筑事业和文学创作中孜孜不倦地付出。

或许，她只是以手中墨迹从容地吐露着所感、所思、所想，却写就了一个个美丽的故事，连同她那明媚的笑靥，一同留在了读者的心上。

❷ 寻访历史的脚步

林徽因一生到过很多地方,领略过不同的秀美风景。她曾在塞纳岸边眺望,在巴黎的街头漫步,在意大利幽静安闲的小城中流连……然而,没有一个地方如小雁塔一般,让她在看到的第一眼,便感受到了一种从未有过的豁达。

唐高宗时期,为了妥善安置玄奘从印度带回的经卷,朝廷决定在大慈恩寺建造佛塔,并将其命名为"雁塔"。到了唐中宗年间,著名的僧人道岸在荐福寺营造了一座较小的佛塔。因外形相似,为了区别两塔,大慈恩寺塔名为"大雁塔",荐福寺塔名为"小雁塔"。

林徽因夫妇在时任西安行营主任的顾祝同邀请下,离开北平,迎着风沙的洗礼,踏着悠扬的驼铃来到西安,参与小雁塔的修复工作。

小雁塔深深地吸引着林徽因,一方面是因为它那具有古风唐韵的建筑风格，一层门框均以青石为材料修建而成，石质的门楣上刻有蔓草、祥云、迦陵频伽（妙音鸟）等具有典型佛教寓意的装饰图案；另一方面，是因为它那"三裂三合"的风云故事。

相传在明成化二十三年（1487年），陕西省曾发生过一次6级的大地震，在这次地震中，整个塔竟然自上而下裂开了一条一尺多宽的裂缝。然而，时隔34年，明正德末年（1521年）陕西又发生一次大地震，这条裂缝竟在地震中自行合拢了。它就像经过神人的修复一般完美，仿佛从未裂开过。

这样的事情带给人们莫大的震惊，且这样的奇事不是只发生了一次。根据小雁塔门楣刻石上的记述，嘉靖三十四年再次因地震"塔裂为二"，嘉靖四十二年"塔合无痕"；康熙辛未"塔又裂"，"辛丑复合"。对于一座塔来说，能够三裂三合而不倒，的确是件奇事。

在小雁塔的修复工作告一段落之后，林徽因同梁思成离开西安，启程前往太原。途经五台山之际，她伸手撩开了车帘，一弯飞檐就如一头小鹿般闯进了她的心里，她似那个误入桃花源的渔人般惊喜。

多年实地考察的经验告诉林徽因，这一弯飞檐可以充分说明，这座庙宇拥有不可错过的考察价值！于是，她急忙拉着梁思成下了车，其他人也跟在后面。他们翻过数座山峰，终于，在转过一弯山道后，他们远远望见了一座依偎在群山怀抱中的古寺。

她欣喜若狂,兴奋地指着那座建筑说道:"是它,就是它!"

由于年代久远,这座藏在深山之中的古寺早已经被人遗忘,香客冷清、荒凉破败,寺院中也不像其他寺庙一样僧人成群。这里只有一位年逾七十的老僧和一位年幼的聋哑弟子看守,他们平静地接待了这几位特殊的来访者。

到了这里,林徽因才知道,原来这就是史料记载中著名的佛光寺。佛光寺的山门在被世人冷落多年后,向这几位特殊的远方客人敞开了。

一走进寺院,他们就看到了那座出檐深远的大殿。他们一边听老僧讲述着关于这座寺庙的遥远的故事,一边审视着眼前模糊的壁画和佛像上斑驳的油彩。这座寺庙就如一位仙人般带领他们跨入一条神秘的时空隧道,向他们娓娓道来关于它的种种过往……

在佛光寺大殿的佛坛上,竟还完整安放着三十多尊高大、造型别致的彩色泥塑,东大殿中也有五百多尊。这些泥塑尽管已历经多年的风霜,但个个面颊丰满,眉梢弯弯,口唇端正,栩栩如生,色泽饱满鲜亮,令人一眼便能看出,这些都是唐中叶以后菩萨的造像。

在佛坛上,他们注意到一尊与众不同的塑像。这是一位面容轻柔的女子,因时间已过千年,面部轮廓并不是十分清晰。刚开始,大家认为这是武则天的塑像,但随着研究的深入,细心的林徽因在石经幢上发现了这样一行字"佛殿主女弟子宁公遇"。大家才恍然大悟,原来它是宁公遇夫人的塑像。

站在塑像前,林徽因似乎有一肚子说不完的话,千般滋味在心中流转。她同这位宁公遇夫人的塑像合了影,留下一张宝贵的照片,也剪下了一段宝贵的回忆。

紧接着,他们又对这里进行了几天的考察、搜寻和测绘,但没有任何发现。这里似乎没有任何碑刻或其他题记上的文字记载,就连通常写在大殿屋脊檩条上的文字都没有找到。

梁思成并没有因此放弃,他决定爬到天花板上一探究竟。令人出乎意料的是,他在天花板上看到了一种与后世建筑截然不同的屋顶结构——使用了"大叉手",而不用"侏儒柱",也就是采用了一种近似"人字形"的房梁屋架结构。"大叉手"这种结构,据传最早出现在汉代,但是他们从未见到过实物。

出于建筑学家的严谨以及对古建筑负责任的态度,他们认为不能仅根据绘画以及雕塑风格来确定这座古建筑的建造年代。

就在此时,一直负责地面工作的林徽因突然惊奇地叫了起来,她发现大殿横梁下隐隐约约似乎有字迹。由于横梁过高,他们只能在老僧的帮助下请来外面的农人,借助梯子登上了横梁。值得高兴的是,横梁上的确存有字迹,然而由于年代久远,字迹早已糊作一团,无法辨识。他们倔强地扯了床单蘸水不断地进行擦拭,过了许久方显现出大致的字样:助造佛殿泽州功曹参军张公长。这字迹显然是唐朝时期的笔迹风尚。这对他们来说无疑是一次重大的发现,也是一次巨大的鼓舞。

有了梁上的题字,加之先前在石经幢上发现的刻文,二者完全相吻合,这座神秘的大殿的建造时间在林徽因、梁思成等一行人的努力之下,终于能够确定了。

在他们的勘察生涯中,这是唯一接触唐代木建筑的经历。这座古寺中的很多建筑,代表了当时较高的艺术水平。这些建筑因为遇见了林徽因而改写了命运,没有在时光的流逝中坍塌,而是像一颗明珠一般被他们拭去了表面的尘土,重新展现出昔日的风采。

正是因为林徽因等人对佛光寺的发现,十六年后的山西考古队在距它西北处约几十公里的深山中,又发现了另外一座寺庙,即中国现存最古老的唐代木结构建筑——南禅寺。

通过坚持不懈的努力,林徽因和梁思成让仅存的两座唐代木结构建筑得以为世人所知,让建筑艺术得以传承。在中国的建筑历史上,这真是莫大的功勋。

这座古寺中的重大发现,成为林徽因在勘测古建筑的路途中最满足的一项成就。

结束了佛光寺的考察探测工作之后,林徽因一行人继续北行,一路探寻,感受着历史对人类的馈赠,直至到达五台县一个叫作台怀的小镇。

这个四面环山的小镇，因为其独特的传说和特殊的地理位置，在几百年历史文化的积淀中成为佛教徒心中的圣地，并逐渐发展成为五台山的佛教中心。他们在这个小镇的二三十座寺庙中进行了考察，并向太原的教育厅对这些古寺申请了保护。

多么希望世间永远如此宁静悠然，可在走出这里的那一刻，她就要面对无边的战火，和乱世中摇曳不定的人生。

❸ 铁与血的侵袭

1937年7月7日夜,卢沟桥事变发生时,林徽因夫妇还在五台山,沉浸在发现佛光寺大殿这座最早的木结构建筑的喜悦中,对山外的烽火连天一无所知。直到他们意外地发现一张过了期的报纸,而报纸上清晰的大字让他们震惊了。战争已经爆发将近一周,他们不敢想象,北平城在这一周之内经历了什么。同时,他们心中也存有一丝侥幸:万一形势并没有那么危急呢?

林徽因心里明白,战争已经到来,是不会很快结束的。那么,当务之急是立刻回家,以最快的速度!

由于战争的影响,通往北平的路大多已经被阻断。对年幼儿女的牵挂,化为了夫妇二人前行的动力。他们克服一切阻力,日夜兼程,在历尽周折之后终于成功返回了北平。

北平,这座曾经热闹辉煌、令无数人感到骄傲的沧桑古城,此刻在战争的硝烟中饱经磨难,曾经令人惊叹的一座座建筑也在炮火中纷纷倒下,化成废墟,这满目疮痍深深地刺痛了林徽因和梁思成的心。

看着城外的一条条壕沟,望着城内宋哲元所领导的第二十九军的奔走,他们再一次意识到现实的残酷:北平已经陷入了战乱中。

林徽因顾不上那么多了,她要回家!当推开家门看到一双年幼的儿女安然无恙站在面前叫着"妈妈""妈妈"的时候,她心中那块千斤巨石终于放下了。

作为一个中国人,林徽因始终相信,只要大家有决心,坚毅且勇敢,没有什么困难是战胜不了的,也没有什么敌人是打不倒的,"寸土不可予人"的声音在她的心中回荡。

然而,真实情况和林徽因预想的差了许多。日寇在没有任何阻拦的情况下长驱直入,迅速控制了北平。

不久后的一天,梁思成突然收到了一封署名为"东亚共荣协会"的请柬。看着这封请柬,梁思成知道,作为建筑界备受关注的人物,自己在营造学社以及多年来各地考察所研究出的成果已经成为日本人眼中的"猎物"。梁思成同时也明白,日本人为了得到一己之需,往往是无所不用其极,谁知道他们会使出怎样的手段来呢?因此,梁思成和林徽因警觉地想到,为了儿女和母亲的安全,也为了自己有尊严地活着,不在敌人脚下像蝼蚁一般生存,他们必须离开北平。

望着头顶上呼啸而过的敌军飞机,想着国土的破坏,林徽因忍受着锥心刺骨的痛,最终,她和梁思成决定带着家人奔赴西南大后方。

对他们来说,这个决定意味着要克服更多的困难:林徽因多年饱受肺病折磨,这样的"迁徙"过程极易引发肺炎,梁思成的脊椎软组织硬化症也需要长期穿戴"铁衣"。在这种情况下,夫妻二人还要带着年幼的儿女和老人长途奔波,实属不易。他们一家,整整花费了三个月的时间才到达长沙。

此时的长沙城,热得像烤箱一样。林徽因和梁思成明白,这里的安定只是暂时的。为了行动方便,他们一家人在火车站附近租了一间房子暂时住了下来。

这里的生活和北平相比,自然是天壤之别。屋外吵闹喧嚣,屋内连一件像样的家具都没有,一家人挤在一处,几乎没有什么隐私可言。在这样的生活条件下,林徽因的母亲病倒了,所有的重担都落到了梁思成夫妻二人的肩上。

但是,林徽因没有被眼前的磨难吓倒。她觉得,在战火中辗转迁徙,时时面对死亡的情况下,一家人仍能守在一起,已经是不幸中的万幸了。她得知,北平的同事和好友们也紧随其后,纷纷逃出了北平,他们又要在长沙相聚了,这无疑给了她莫大的安慰。

不过，当林徽因和梁思成的生活逐渐步入正轨、恢复平静时，战火的阴霾又笼罩了整个长沙——日本侵略者对长沙进行了第一次空袭。

在刺耳的警报声中，数不尽的敌军战机在头顶盘旋，黑压压的一片，使人透不过气来。无数炸弹像冰雹一般密密麻麻地砸了下来，整个城市被巨大的爆炸声和人们的尖叫所笼罩。人们都在努力奔跑着，似乎停下就会被死神扼住命脉，一脚踏入地狱的大门……

林徽因一家当然也不例外。当听见爆炸声时，夫妇二人本能地抱着孩子向楼下跑去，但是就在此时，一颗离他们较近的炸弹爆炸了，林徽因和小儿子竟被抛了出去。那一刻，当他们闭上眼睛又睁开，感受到落地的疼痛时，尽管心中十分恐惧，但是拍拍身上的尘土，心里想的更多的是无限庆幸：他们还活着。

当这炼狱般的时刻过去时，家，已然消失了。望着这座废墟一般令人伤痛和恐惧的城市，林徽因多么希望这一切只是一场梦，人们可以很快从这场噩梦中醒来……

这一次，除了几件从废墟中挖出的破旧的衣物，林徽因一家几乎什么都没有了。考虑到家中的老人和孩子，他们不得不选择到朋友家暂住，但他们知道，这样的生活并不是长久之计，必须重新为以后的生活做打算。

在给朋友的一封信中，林徽因曾经记录了这段经历：

　　长沙第一次遭到空袭时，我们的住宅差不多是直接被一颗炸弹命中。炸弹落在离住宅大门十五码的地方，我们在这所住宅里有三间房子，作为我们临时的家。当时我们都在家——外婆、两个孩子、思成和我。两个孩子都有病；躺在床上。谁也不知道我们是怎样逃脱被炸成碎片的厄运的。当我们听见先扔下来离我们较远的两颗炸弹的可怕炸裂和轰鸣声以后冲下楼梯时，我们的房子已经垮了。出于奇特的本能，我们两人一人抓起一个孩子就奔向楼梯。但我们还没有到达地面，近处那颗炸弹就响了。我抱着小弟（儿子）被炸飞了又摔到地上，却没有受伤。同时房子就开始裂开，那大部分是玻璃的门窗啦，镜框啦，房顶啦，天花板啦，全都倒下来雨点般地落到我们身上。我们从旁门冲出去，到了黑烟呛人的街上。

　　当我们向联大的防空洞跑去的时候，另一架轰炸机正在下降。我们停止奔跑，心想这次跑不掉了，倒不如大家要死死在一起，省得孤零零地受罪。这最后的一颗炸弹没有爆炸，而是落在我们在跑着的那条街的尽头。我们的东西（现在已经很少了）都从玻璃垃圾堆里掘出来了，现在我们就在这儿那儿的朋友家暂住。

一到晚上,你会遇到一些从前在北京每星期六聚会的朋友们在这儿那儿闲逛,到妇孺们来此地共赴"国难"的家宅里寻找一丝家庭的温暖。在轰炸之前,我们仍旧一起聚餐,不是到饭馆去,而是享用我在那三间房子里的小炉子上的烹饪,在这三间房子里,我们实际上做着以前在整个北总布胡同三号做的一切事情。对于过去有许多笑话和叹息,但总的来说我们的情绪还很高。

我们已决定离开这里到云南去。

与故人们短暂相聚之后,12月初,林徽因一家离开了长沙,前往昆明。

在皎洁月光的洗礼下,他们告别了长沙,踏上了去往昆明的路途。林徽因心中默默祈祷:平安就好。可惜,这一路,似乎更加艰难。

由于没有任何交通工具,林徽因一家不得不在湘黔边界的荒山野岭中徒步行走。梁思成患有脊椎间软组织硬化症,要时时背着那份量身定制的"铁甲",在野兽横行、土匪出没的"危险地带","铁甲"加重了他行走的负担。林徽因在奔波辗转中又不幸感染了肺炎,高烧40度不退,且无医可治,命悬一线。但他们没有退路,只能在大雨滂沱中奔走。

在绝望中,伴随着一阵悠扬的琴声,林徽因一家似乎看到了希望！他们顺着琴声，发现了几个空军航校学员的住处。这些学员热情帮助了他们一家，并为他们在房间中收拾出了一小块地方容身休息。在这些学员的帮助下，林徽因才得以退烧，继续上路。这段经历，让林徽因一家与这些学员建立了深厚的感情。

终于，在1938年1月，林徽因一家历经千难万险后成功到达昆明。

到达昆明之后，她仍与那群学员保持着密切的联系。由于他们的父母均处在沦陷区，出行不便，在他们毕业时，林徽因与梁思成还应邀出席了他们的毕业典礼。

曾经有人这样形容梁思成与林徽因夫妇："林与梁一道留学美国时，已决定了共同以建筑学为终生事业，他们的后半生虽不免历经坎坷，想做的还远远做不到，毕竟还依愿而行了，像许多历经沧桑的中国知识分子，把心系在祖国的命运上。"

的确，在那个特殊时期，林徽因一家的经历只是当时中国千千万万家庭的一个小小的缩影。在日本侵略者的暴行之下，谁能够独善其身？战争所教会我们的，就是在黑暗中寻找光明，在悲伤中克服软弱，在艰难中练就不屈的灵魂……

④ 感受清贫，坚守信念

在安稳的生活中，人们往往觉得时间像流水般逝去，日子过得悠闲自在，可在战争时代，人们真是度日如年。在这场战争中，林徽因和梁思成经历了太多的坎坷。

在抗战时期，人们在枪林弹雨中寻找生存机会。看着战士们为了守护家园而倒下的身影，老百姓内心激愤，又惴惴不安。林徽因的心随着祖国的命运而波动着，她也很庆幸，此刻能够在昆明安于一隅，已经是得了命运莫大的恩赐了。

由于长时间的辗转跋涉，林徽因和梁思成的身体都处于一种超负荷的状态。到达昆明刚想停下来松一口气时，梁思成却感染了扁桃体病毒，使他原本因车祸而受伤的脊背变得更加疼痛难忍，且牙周炎也被引发，连一口水都咽不下去，更别提进食了。因此，他不得不拔掉满口的牙齿，卧床休息。在这种情况下，他无法投入工作，所以十分沮丧。

照顾孩子、照顾体弱的母亲、照顾生病的丈夫,一切家事都落到了林徽因柔弱的肩头。

为了补贴家用、维持生计,林徽因不得不到云南大学兼职为同学们补习英语。尽管教课时间不长,但是要翻过四座山坡才能到达。不过,在这种艰苦的环境下,林徽因和梁思成并没有自暴自弃,也没有被生活磨平棱角。林徽因曾多次在给朋友的信中提及她对战事的关心以及参战的愿望。除去日常开销,她竟花了大半薪水为梁思成购入了一卷考察古建筑所需的皮尺!

在林徽因的精心照顾下,梁思成的身体渐渐好转。尽管卧病在床,梁思成也会时不时接一些设计方面的工作——为从北平逃到昆明避难的富人们设计宅院。这样,一方面是为了贴补家用,分担林徽因肩上的重压,另一方面也是在为重新组建营造学社做准备。

不过,这并不是一件易事。设计工作量巨大,所以为了丈夫的身体着想,林徽因便与他一同赶设计稿。二人常常工作到深夜,但工作强度这么大,报酬却十分微薄。不过在梁思成的眼里,这多少也算有了收入,可以为这个家分担些生活压力……

在夫妇二人的共同努力下,他们终于在昆明安定了下来。梁思成在身体恢复得差不多之后,便马不停蹄开始了他重建营造学社的计划。

他召集了前营造学社的部分成员,如刘敦桢、陈明达、莫宗江等人。他的老友在听说重建营造学社的消息后，即刻启程，跋山涉水，穿越艰难万险地来与他会合。他们望着风尘仆仆的朋友，心中百感交集。既为彼此艰难赶路、狼狈不堪的样子而心酸，同时也很庆幸，在这样动荡的年代，他们仍然能跨越千里、平平安安聚在一起继续追求梦想。

这是一群不忘初心的追梦人，即使时局动荡，他们也能团结在一起，商量着应该怎样继续对中国西南地区的古建筑进行大规模的考察……

望着眼前这和谐的情景，林徽因的心中产生了一种错觉：好像阳光已经洒下来，灰蒙蒙的雾就要逐渐散去。

可现实依旧残酷，一架架敌机的盘旋打碎了他们的梦。尽管此时的昆明还没有被日寇侵占，但低空盘旋的飞机和不知何时从天而降的炸弹，始终让人时刻将一颗心提在嗓子眼。在这种情况下，人们纷纷迁往郊外居住，林徽因一家也和其他人一样，搬去了昆明东北部一个僻静的小村庄——龙泉村。

战争年代，朴素生活都显得弥足珍贵。幸福就是一顿饱饭、一夜安眠、一个安全的房间。

林徽因没有想到的是，他们搬到龙泉村以后，这里倒变成了一块"宝地"：许多研究所纷纷搬到了这里，如历史语言研究所、清华大学的文科研究所，也包括梁思成的营造学社。与此同时，很多教授也纷纷搬来这里盖房定居……

林徽因有一点心动了：我就是干建筑的，为什么不盖一座属于我们自己的房子呢？

心动不如行动，在萌生了这样的想法之后，她便开始着手准备。这个过程令人兴奋，但也是无比艰辛、充满挑战的。

当时国内形势严峻，物价正处于飞速上涨的阶段，加上之前梁思成生病，他们的积蓄早已所剩无几，甚至还欠了不少外债。为了用最少的钱来完成他们的愿望，梁思成承包了所有的工活，包括自己亲自做木工、和水泥、抹水泥、刷墙等，家中的其他人也变成了梁思成的小助手，帮他运送材料。在这么一大家子人的努力之下，林徽因的愿望终于实现了！他们在昆明拥有了一处属于自己的三室一厨房的房子！

房子建成之后，林徽因抑制不住心中的喜悦。尽管这个房子让他们一家陷入了山穷水尽的经济窘境，但是当站在屋外审视着自己的作品时，她嘴角上扬，像看着新生的孩童般，注视着这个他们用心设计并亲手打造的白墙灰瓦的小房子。那天的阳光格外温暖明媚，孩子们在屋内笑着追逐打闹，"咯咯咯"的笑声不断传出，和谐又美好……

虽然这里很偏僻，没有自来水，没有电灯，没有电话，不过，这从来不会影响客人们的到来。那几位曾经给予他们一家莫大帮助的空军航校学员是这里的常客。由于他们身份的特殊性，从毕业的那一刻起，他们就已经做好了牺牲的准备。所以，每一次看着他们离开，林徽因的心无时无刻不在揪着。

现实丝毫没有怜悯她，一个又一个噩耗接连传来，几位空军学员的遗物不断寄到林徽因手中。每一次，她接过那一份沉甸甸的包裹时，都会陷入深深的悲痛中。明明上次还坐在一起讨论着人生的各种问题，今天就……她为他们年轻生命的逝去而悲痛惋惜，也为战争而愤怒。

1939年，梁思成和营造学社的其他成员一起踏上了外出考察的路途。这次前往西南地区的考察，足足花费了他半年的时间。家中的一切事务，又落到了林徽因的肩上。这半年，他们的生活更加艰辛。他们所要面对的问题不只是快速增长的物价、用电的困难，还有用水的困难。由于没有自来水，想要用水的话，林徽因不得不每天早上一趟又一趟地去挑水，从村中的井里将水挑到家里一个又高又深的水缸里。

在给费正清夫妇的一封信里，林徽因曾写过这样一段话："我恨不得有一支庞大的秘书队伍，用她们打字机的猛烈敲击声去盖过刺耳的空袭警报……你大概能想象到过去一年我的生活大体内容，日子完全变了模样。我的体重一直在减，作为补偿，我的脾气一直在长，生活无所不能。"

这样的日子还要过多久才是个头呢？每当夜深人静时，这个问题总让她想得出神。在梁思成回家后，一家人不仅没有摆脱困境，反而陷得更深了。

受战争的影响，营造学社的发展一日不如一日。在这样的情况下，又何来收入呢？幸运的是，傅斯年将他们五个成员纳入了历史语言研究所的编制之内，保证他们还能够拿到一点工资，但在那样一个不知何时钱就会变成废纸的年代，这点工资又有多少意义呢？这种时候，似乎连吃饱饭都成了一家人的奢望。

这时，费正清夫妇向他们提供了帮助。他们托金岳霖带来的100美元，帮助林徽因和梁思成撑过了这段最艰难的日子。

在这场战争中，林徽因和梁思成经历了苦寒、流亡、病痛、绝望，但即使这样，他们依然没有在这个国难当头的时刻选择放弃，而是坚定地安守清贫，与祖国共患难，这何尝不是一种赤子之心呢？

大约就是在这个时候，梁思成关于公元6世纪赵县大石桥的英文论文手稿寄到了剑桥。他是在他们从天津出发西行的时候寄出去的，希望它能在美国发表。费慰梅在美国帮他找到麻省理工学院建筑系主任威廉·爱默生请教，威廉是法国建筑史的专家。恰巧他的研究题目之一就是法国最早的散拱桥，它比它的中国先行者要晚十个世纪。威廉怀着越来越大的爱好审视了随稿子附寄的精美图画和照片，读完文稿就把手稿寄给了权威的建筑杂志《笔尖》(Pencil Point)，并附上了自己的推荐信。《笔尖》在1938年1月号和3月号将论文分两次刊出。

《笔尖》给作者付了稿费，但梁思成夫妇真正的惊喜还是在收到登载论文的杂志的时候。论文印在精美的纸上,版式设计也宽松雅致,使图片显得更漂亮了。这一成功恢复了梁思成同美国建筑师和建筑学家们的联系,对于痴迷于学术研究的梁思成来说,没有什么消息比这个消息更让他的精神为之振奋的了。

宝剑锋从磨砺出,梅花香自苦寒来。在这段灰色的岁月里,林徽因容颜清减、白发顿生,仿佛陷入了生活的旋涡。但她的灵魂始终昂首向前,在历经磨难后,依然格外纯粹。

第八章

芬芳·倾其所有去生活

① 战争的代价

山河破碎风飘絮,身世浮沉雨打萍。处于烽火乱世的人们,见证了太多的失去与可望而不可得。但还是有这样一批人,无论局势如何动荡,他们始终不改赤子之心,对生活保持热爱,对信仰保持虔诚。

抗战时期,中国有许许多多如林徽因和梁思成一样的知识分子,他们一直坚守着理想。尽管战争给他们造成了无限的伤害和痛苦,他们也未曾动摇过。

从北平到长沙,从长沙到昆明,随着日寇对昆明的空袭日益严重,他们不得不继续"迁徙"。这让林徽因感到,乱世中,人果真如那风雨中的浮萍一般飘飘荡荡,还未享受片刻的安稳闲适,便又要在雨打风吹中飘向远方……

亲手建造好的小房子,现下却要舍它而去,林徽因心里真是有着千般不舍、万般无奈。因为这处房子凝结了他们的心血,也凝结了家庭温暖的记忆。但无论如何留恋,她也只能放下不舍,和家人一起紧跟着大部队迁到了四川宜宾附近的一个村落——李庄。

在临行之前,梁思成再次病倒了。为了不耽误大部队的西迁,林徽因不得不带着孩子和老人先行一步,约定在李庄与他会合。

等待,显得那么漫长。三周之后,在林徽因焦急的等待中,梁思成终于顺利到达了李庄。

李庄是一处名副其实的穷乡僻壤。如果说他们在昆明的日子已经是捉襟见肘,那么在这里他们的生活条件已无法满足温饱。

在这里,林徽因一家五口与营造学社一起挤进了一处低矮且破旧的农舍里。

好在麻雀虽小,但五脏俱全。尽管这处农舍的条件非常简陋,林徽因和梁思成还是将农舍的大屋子改成了营造学社的办公场所,只剩一个小房间作为林徽因一家的起居室。

在这个穷困的山村,连点一盏煤油灯都是十分奢侈的。为了不耽误孩子们的学习,也为了不耽误自己的工作,一到晚上,梁思成就会点起两盏菜籽油灯。孩子们除了在冬天可以拥有一双极其珍贵的布鞋,平时只能穿着草鞋跑来跑去,无论春天还是夏日。喜食甜食的梁思成也只能就地取材,将土糖加上一点橘皮蒸熟后抹在馒头上当作甜酱来吃……

这样的生活和居住条件，实在是太过艰苦了。然而在当时的梁思成和林徽因等人眼里，却已经是十分幸福的生活了。至少在这里，他们不用时时刻刻担心炮弹的轰炸，提心吊胆地过日子。

由于生活的艰苦、路途的劳累，加上四川所特有的潮湿气候，林徽因的肺病突然加重了。她高烧不退，卧床不起，唯一可以休息的"软床"只是一张晃晃悠悠的行军床。李庄没有医院，甚至连一位正式的医生都没有，更别提对症的药物了。

看着病榻上日渐消瘦、面色憔悴的林徽因，梁思成下定决心，一定要出去为她寻些药品回来。他忍着背痛，赶了三天的水路，终于从重庆买来了药品。没有医生，梁思成便自己学习注射药物。林徽因忍受着病痛的折磨，他又何尝不是在心疼中煎熬着？在这种情况下，费正清夫妇托人送来的奶粉，成了这个家最为宝贵的"营养品"，就算舀上那么一小勺，都觉得极为奢侈……

林徽因知道，这场病正在一点一点地吞噬着自己的生命。她的脸上似乎只罩着一层饥饿的、黄色的薄皮，目光虽还有几分温柔的神色，却已失去了往日活泼灿烂的风采……在这段日子里，她明显地苍老了，像走过夏季的一株雨荷，在秋日的池塘里，只能默默地承受岁月的摧残，走向人生必然降临的终点。

由于病痛的折磨，林徽因几乎每天都在昏昏沉沉中睡去，又在昏昏沉沉中醒来，但即使睡着了，也不能减轻她的病痛。

她是痛苦的，但是也常常觉得自己是幸福的。因为每当她睁开眼，就会看到梁思成疲惫地伏在床头。不管生活怎样变化，她都有温暖的他守护在身边。他的付出，她都一一记在了心里。

林徽因的病带给梁思成莫大的痛苦，但苦难也没有到此为止，反而变本加厉——不久，梁思成的弟弟梁思永同样因为肺病倒下了。梁思成受到了更大的打击。他不解，若天地有仁，为何要对他们如此残忍？

在李庄的那些年，大概是林徽因一生中最抑郁的时光。因为她所要忍受的，不仅有身体上的疼痛，还有精神上的折磨。处在这样一个偏僻的小乡村，她和朋友进行书信往来的机会少之又少，这时，读书成了林徽因唯一能做且喜欢做的事情。在病床上，她看完了《战争与和平》《猎人日记》《我的大学》等经典文学作品，还渐渐地喜欢上了杜甫的诗。在这样的情况下，两个孩子成了林徽因最忠实的听众。他们经常趴在母亲床边，听着她饶有兴致地朗读着诗文。或许，他们尚不能理解诗文中精妙的韵味，可单单是从母亲那陶醉的神情里，就能体会到无尽的美感。

得知林徽因的困境后，朋友们为她联系了美国的医院，希望她能够出国治疗，这是她康复的唯一希望。但林徽因拒绝了，她拒绝得是那样干脆："我们的祖国正在灾难中，我们不能离开她，假如我们必须死在刺刀或炸弹下，我们要死在祖国的土地上。"

在战争年代，有多少这样的仁人志士，宁愿忍受战争的摧残,也不愿离开自己心爱的祖国。这份初心,这份赤诚,祖国不会忘记,历史也不会忘记。

时光荏苒,春天悄悄地来临了。万物复苏,春暖花开,在这样一个原本充满希望的季节,却传来了又一个噩耗——林徽因非常疼爱的弟弟林恒牺牲了。

林恒是一名刚刚从学校毕业不久的飞行员,在一次与日寇的对战中,不幸被敌军击中了头部。他的生命永远定格在了25岁,定格在他实现了自己"捐躯赴国难,视死忽如归"的理想的那一天。

梁思成知道,林恒对林徽因来说太重要了。因此为了她的身体着想,他隐瞒了这个噩耗。三年后,得知这个事实的林徽因还是心痛如绞。这场战争让她见证了太多死亡,带走了太多她爱着的亲人和朋友。

1944年,抗日战争即将迎来胜利的曙光,那群空军学员中唯一的幸存者却在战役中坠机失踪了。面对这一切牺牲和失去,林徽因饱含着眼泪和愤怒,挥笔写下了一首《哭三弟恒》。在这首诗的字里行间,我们所能感受到的,不只是亲人逝去的痛苦,还有一颗时时刻刻牵挂祖国的心。

最令林徽因和梁思成心痛的是,尽管他们在离开北平时,已将他们视如生命般珍贵的研究成果,那么多辛辛苦苦考察得来的草图和资料放在了他们认为十分安全的外国银行里,可谁料到这些资料竟也没逃过被毁灭的命运。听到这个消息后,林徽因和梁思成不约而同地双双流下泪来。

战争的代价,实在是太过沉重了。沉重到无论是生者,还是亡灵,都被刻上了烙印。战争何时结束呢?真正的光明,还要多久才能到来呢?

❷ 是爱,是暖

岁月不可回首,有人悔,耽于红尘;有人愁,碌碌无为;有人恨,蹉跎一生……面对这一切,林徽因选择了爱与暖,只想用有限的数十载去爱一生所爱的人与事业。

在林徽因的一生中,她爱过很多人,有亲密爱人,有家中至亲,也有忘年之交……她的爱,温柔、包容,令人感动。她很幸运,一生也幸福地被这些人珍爱、呵护。这个如诗的女子,将她一身的温情和才华带给了经过她生命里的每一个人,也感受着他们带给她的爱与暖。

1942年11月,费正清从重庆出发,打算到李庄探望林徽因一家。一路上,他翻山越江,沿着山坳终于找到了林徽因的家,不禁为这里环境的艰苦而深深叹息。

更让他震惊的是,当他推开那扇破旧的门时,映入眼帘的是满屋子的书籍,满得让人无法一眼看到住在这里的人到底在哪里。他瞪大眼睛找了半天，才发现了藏在书堆里的梁思成夫妇。一时间，他语塞了，这两个人使他肃然起敬。在艰苦的环境中，在身体抱恙的情况下，他们竟然还不忘心中所爱，做着他们的学问，追寻着他们的梦想……

后来，在《费正清对华回忆录》一书中，费正清满怀深情地谈到当年去李庄看望林徽因和梁思成的情景。

  梁家的生活仍像过去一样始终充满着错综复杂的情况，如今生活水准下降，使原来错综复杂的关系显得基本和单纯了。首先是佣人问题。由于工资太贵，大部分佣人都只得辞退，只留下一名女仆，虽然行动迟钝，但性情温和，品行端正，为不使她伤心而留了下来。这样，思成就只能在卧病于床的夫人指点下自行担当大部分煮饭烧菜的家务事。其次是性格问题。老太太（林徽因的母亲）有她自己的生活习惯，抱怨为什么一定要离开北平；思成喜欢吃辣的，而徽因喜欢吃酸的，等等。第三是亲友问题。我刚到梁家就看到已有一位来自叙州府的空军军官，他是徽因弟弟的朋友（徽因的弟弟也是飞行员，被日寇击落）。在我离开前，梁思庄（梁思成的妹妹）从北平燕京大学，经上海、汉口、湖南、桂林，中途穿越日寇防线，抵达这里，她已有五年没有见到亲人了。

作为一个外国人，他环视着这里的一切，内心被深深地打动了。他有一种强烈的感受，中国的知识分子竟然能够坦然接受并适应这种艰苦的环境，并在这种环境中乐观地做着学问，继续搞学术研究。一个时代，一个民族，能够有这样的一群知识分子，真是历史的幸运。或许，也正是因为有这样一群人，中国这个东方古国，即使在饱受摧残的战争年代，也可以拥有撼动世界的力量。

想到此，他不禁嘴角上扬，仿佛听到了这个不屈的、坚毅的民族取得胜利时的高声呐喊。他认为，这场战争的胜利，势必属于中国人。

在抗日战争胜利前夕，为避免各沦陷区的古建筑遗存毁于战火中，梁思成被任命为战区文物保护委员会副主席，参与战区文物的保护工作。

他每日废寝忘食地埋首在各种文物资料中，不断地研究、挖掘、收集资料，将沦陷区所有的寺庙、宝塔、博物馆等古建筑的位置一一标在了地图上，并用中英文做了标注。

1945年8月15日，日本宣布投降，抗日战争终于取得了最后的胜利！当这一激动人心的消息传来时，所有人都为之动容。他们激动地拥抱在一起，流着幸福的热泪，争相走出家门，高呼着胜利。大街小巷到处都洋溢着胜利的喜悦，阵阵爆竹声在空中回响，绚丽的烟花飞上天空，寂静的夜热闹起来了。林徽因望着窗外，回想着这些年的辛酸和所遭受的种种痛苦，不禁鼻子有些发酸——艰苦的日子终于要结束了！他们终于不用生活在恐惧之下，孩子们终于可以无忧无虑地成长，天空中那层阴霾终于要被清风吹散了！

唯一遗憾的是，此时此刻，这种喜悦她竟无人可以分享。梁思成还远在重庆，两人之间隔着崇山峻岭。

为了与林徽因相聚，共同庆祝抗战胜利，在费正清夫妇的全力帮助下，梁思成才将林徽因成功接到了重庆。

多年过去后，林徽因与费慰梅再次相遇时，作为彼此最好的闺密，两人不禁相拥着痛哭起来。林徽因哭，是为这来之不易的胜利和久别重逢；费慰梅哭，则是为眼前这个历经沧桑、面色苍白的女人这么多年的辛苦而难过。昔日青春的光彩在这个女人身上已经难以找到一丝痕迹，时代的痛苦却在她的身上留下了深深的印记。

离开那个小村庄来到重庆，林徽因感觉就像迎来了一次新生，但现实是，历经这么多年的艰苦时光，她的身体早已累垮。来到重庆之后，她几乎已经无法正常生活，日日在床上昏昏沉沉地睡着，又昏昏沉沉地醒来……

看着林徽因一日比一日虚弱，焦急的费慰梅找到了自己的一位好友——美国著名的胸外科专家来为林徽因做检查。令大家难过的是，此时的林徽因两侧肺部以及一侧的肾脏感染已经十分严重。换言之，林徽因已病入膏肓。

经过诊断，医生非常遗憾地告诉费慰梅，林徽因的生命最多只剩下五年的时间。看着虚弱的林徽因，费慰梅不忍心将这个糟糕的消息告诉她。她选择了沉默，但林徽因内心十分清楚自己的身体状况。生命无常，每个人在历史长河中都是微尘一样的存在，她早已将其看得通透。

不过，为了不让关心自己的人难过，她也选择了沉默。他们谁都不提起她的病，只想和她一起快乐地度过余下的光阴。

生病的日子里，梁思成始终陪伴在林徽因身边。每当天气晴朗、阳光普照大地时，梁思成就会带林徽因出去走走，看一看恢复了热闹和欢乐的街道。到了孩子们放学的时候，在林徽因身体条件允许的情况下，两个人也会结伴去校门口接孩子们回家。尽管每日只有那么短暂的一小会儿，但是对于林徽因来说，她已经十分满足了。

好友们心里清楚，林徽因已不适合继续待在这潮湿、寒冷的环境中。然而，当时重庆和李庄之间的班轮已经停运，就连邮递工作都只能靠步行的邮差来维持。在这种情况下，再次回到李庄是不可能了。

后来，梁思成恰恰有事要到昆明去，为了让林徽因保持好的心情，也为了给她提供更好的生活环境，好友们决定把她送到昆明去疗养。

再次回到昆明时，林徽因欣慰地发现，这里早已不是自己印象中的那个灰蒙蒙的城市，似乎在短短的时间内这里就已遍地鲜花，变成了一个色彩斑斓的世界。不过由于旅途劳累，一下飞机，林徽因就又病倒了。

尽管病痛缠身，但是能够看到这么多久别重逢的老朋友，林徽因的心情也好了起来，她曾经在信中形容道："即使我在李庄时用以自娱的最大胆的希望，也不能和这次重逢的、真实的、压倒一切的欢乐经历相比拟。"在朋友们的细心照料下，林徽因的病一天天有了些起色，身体情况逐渐好转。

林徽因日日与老友们交谈，这种长久的、亲密的谈话，让她很兴奋。她将这种感受记录了下来："只有到现在我才体会到古代唐宋诗人的欢乐，他们都缺少旅行的手段，但在他们的贬黜途中却忽然在小客栈里或是在小船上或是在有僧侣做住持的庙里，不管是什么地方吧，和故人不期而遇。这种倾心的谈话是多么动人！"

每当和朋友们围坐在一起相谈甚欢时，林徽因就感觉自己仿佛又回到了从前，重新掉入了幸福的海洋中。这一切来之不易，林徽因为此感谢上苍的眷顾，让她在历经磨难之后能够幸运地活下来，获得感受和平的幸福的机会。

这一刻，她不知道盼望了多少年。曾经，在北平、在长沙、在李庄，在无数个含泪的梦中，她不断地想象着这一刻。如今，家人在侧，好友重逢，在经历过战争的人眼里，这真是天赐的幸福。

❸ 归去来兮

露从今夜白,月是故乡明。午夜梦回中,林徽因总会想起故乡的小路;在多少次翻山越岭时,她总会想起故乡的山河;多少次颠沛流离时,她总会想起故乡的安宁……倦鸟需投林,落叶思归根。在战争彻底结束后,山河已安定,她和梁思成开始准备北归事宜。

在归途中,林徽因是欢喜的,也是紧张的。她担心因为战争的摧残,家乡已物是人非。阔别九年,家乡还好吗?

事实正如林徽因所担心的一样,北平已经和她记忆中的模样相去甚远。

西南联大教工集体北返,林徽因一家也一起由重庆顺利地回到北平。这个时期,她写了《恶劣的心绪》:

我病中,这样缠住忧虑和烦忧,

好像西北冷风，从沙漠荒原吹起，
逐步吹入黄昏街头巷尾的垃圾堆；
在霉腐的琐屑里寻讨安慰，
自己在万物消耗以后的残骸中惊骇，
又一点一点给别人扬起可怕的尘埃！
吹散记忆正如陈旧的报纸飘在各处彷徨，
破碎支离的记录只颠倒提示过去的骚乱。
多余的理性还像一只饥饿的野狗，
那样追着空罐同肉骨，自己寂寞的追着
咬嚼人类的感伤；生活是什么都还说不上来，
摆在眼前的已是这许多渣滓！
我希望：风停了；今晚情绪能像一场小雪，
沉默的白色轻轻降落地上；
雪花每片对自己和他人都带一星耐性的仁慈，
一层一层把恶劣残破和痛苦的一起掩藏；
在美丽明早的晨光下，焦心暂不必再有，——
绝望要来时，索性是雪后残酷的寒流！

当林徽因一家再次回到北平时，抗战已经结束了一年多。这一天是教师节，她带着一双儿女行走在北平的大街上，看着纷乱的街景，不禁感慨万千。她与这座让她魂牵梦萦的城市再次相逢时，身边的儿女已长成风华正茂的少年。此时的她，竟感觉自己仿佛异乡人一般无所适从。

梁思成按照约定来到了清华大学，创建了清华大学建筑系，一家人在清华园内安定下来。不久，他又受到了耶鲁大学和普利斯顿大学讲学的邀请，学校计划送他去美国参与当代美国大学的建筑教学的相关研究。

由于担心梁思成的身体，林徽因并不太赞成，但是她看得出来，梁思成十分珍惜这个机会。其实，面对病中虚弱的妻子，他又何尝不在犹豫呢？最终，为了他们共同的理想，林徽因还是鼓励他赴美深造。

战后的北平，经济十分萧条，短短的几个月时间里物价飞速上涨。就连家家户户最离不开的大米，竟然也由900元一斤猛涨到2600元一斤。为了填饱肚子，学生们不得不出售一切他们认为有价值的东西。"卖尽身边物，暂充腹中饥"，看着饥困中的学生打出的标语，林徽因心中感到万分难过。可她也无能为力，毕竟，他们一家人的日子，也过得一样的艰难。

从四川回来时，林徽因和梁思成就已卖掉了一切值钱的东西，她的病情在这种身心俱疲的情况下愈发严重了。有时候她几乎一整天都下不了床。可是日子还要继续过下去，孩子们需要人照顾，生活的重担就这样落到了林徽因的母亲何雪媛的肩上。每每看见操劳的母亲，林徽因的内心就充满自责与愧疚。

在这个家最艰难的时候,林徽因的表姐王孟瑜焦灼不安地登上了开往北平的列车,从上海前来探望她。在林徽因的印象中,表姐王孟瑜是个美丽清秀的女人,如今眼前的表姐却如此苍老,在惊叹表姐的变化时,又猛地意识到,自己何尝不是一样呢?在战火中,没有人能够独善其身。

看着病床上强忍着病痛的表妹,看着为家操劳的老人以及两个年幼的孩子,王孟瑜决定留下来一段时间,用她的微薄力量为这个家分担重负。大约半个月后,王孟瑜才返回上海。

王孟瑜内心不舍,但是没有回头,她不想让表妹看到自己的满脸愁容。她知道,林徽因是一位要强的女性,不会愿意看到她担忧、怜悯的神情。林徽因也明白表姐的用意。看着表姐的背影愈来愈模糊,她又何尝不难过呢?于是,她拿起笔,将自己的难过全部述说给纸听。

> 当我去了,还没有说完的话
>
> 好像客人去后杯里留下的茶
>
> 说的时候,同喝的机会,都已错过
>
> 主客黯然,可不必再去惋惜它
>
> 如果有点感伤,你把脸掉向窗外
>
> 落日将尽时,西天上,总还留有晚霞

一切小小的留恋算不得罪过

将尽未尽的衷曲也是常情

你原谅我有一堆心绪上的闪躲

黄昏时承认的,否认等不到大明

有些话自己也不曾说透

他人的了解是来自直觉的会心

当我去了,还有没说完的话

当钟敲过后,时间在悬空中暂挂

你有理由等待更美好的继续

对忽然的终止,你有理由惧怕

但原谅吧,我的话语永远不能完全

亘古到今情感的矛盾做成了嘶哑

梁思成在美国只停留了七个月,这段时间,他除了在耶鲁讲学,还前往曾经就读的哈佛大学,在福格博物馆里做了一场他对中国建筑的发现与研究的报告。值得一提的是,梁思成还作为被指定的中国代表加入了联合国纽约总部大厦设计咨询委员会。普林斯顿大学还特别授予了梁思成名誉学位,并在表彰词中写道:"文学博士梁思成:一个创造性的建筑师,同时又是建筑史的讲授者,在中国建筑的历史研究和探索方面的开创者和恢复、保护他本国的建筑遗存的带头人。"

1947年，远在美国的梁思成收到了一份来自北平的电报：林徽因的病情再度恶化，结核已经逐步转移到肾脏。此时，最好的办法是尽快安排手术进行治疗。

看到这个消息，梁思成知道，此时的林徽因最需要的，是自己。于是他匆匆结束了耶鲁大学的讲学，停掉了在美国的所有工作，谢绝了美国为留下他所提出的优厚条件，毅然决然地踏上了回国的路。

梁思成回国时，特意给林徽因带回了很多稀奇古怪的小玩意儿，这些小玩意儿为病床上的林徽因提供了不少乐趣。医生们决定等她的身体情况有所好转之后再进行手术。在家人的细心照料下，她很快便具备了进行手术的身体条件。

手术定在了12月，尽管当时朋友们并没有将她的病情悉数告知，但是从她们的眼神中，林徽因能看得出来结果肯定不太好。她知道手术的风险，"万一自己下不了手术台，他也一定会照顾好这个家，将儿女抚养成人的，对吧？"在上手术台之前，她这样默默地安慰自己，目不转睛地看着面前的家人，就像进行一场无言的告别。

林徽因是幸运的，手术十分成功。尽管当时由于严重的通货膨胀，菜品十分紧张，市场上偶尔有几个土豆也会被哄抢一空，但梁思成不放弃，跑到距家百里外的郊区逛了半天，终于寻到一只鸡，买回来给林徽因补充营养。在梁思成的细心照料下，林徽因的身体逐渐好了起来。

1949年1月，北平和平解放。在阵阵爆竹声中，人们迎来了新春佳节。北平，这个历经磨难的古城终于迎来了它的新生。

这年春天，在北大读书的梁再冰和张奚若的女儿张文英一起报名参加了南下的工作。儿行千里母担忧，一个从未离开过父母的小女孩突然要离开家人，作为母亲，林徽因怎能不担心呢？但是她更担心的是，这一别，可能她们母女就再也见不到了。

看着穿着军服、戴着军帽的女儿，林徽因觉得再冰仿佛是在一夜之间长大的。她想起了年轻时的自己，瞬间就释然了。人生终究是单行道，每个人都要独自面对世界的考验。她走上前去，给了再冰一个深深的拥抱，目送着女儿离开了家……

④ 此生已远

在中华人民共和国成立前夕,《人民日报》等媒体刊登了公开征求国旗、国徽的图案设计的消息,然而直到最终截稿那一刻,筹委会都没有看到满意的方案。因此,他们决定将国徽的图案设计工作交由清华大学和中央美术学院来完成。其中,清华大学的国徽设计小组的负责人便是林徽因和梁思成。

由于梁思成公务缠身,只能负责组织和领导工作,具体的设计工作则落到了林徽因身上。可以说,在清华组的设计中,重大的构想基本都是林徽因率先提出并亲自绘制而成的。

第一版国徽图案很快便送审了,最后并未通过审议。但林徽因没有气馁,继续着手设计第二版国徽图案。

后来,由于1950年国庆马上就要到来,在毛主席和周总理的指示下,筹委会将"天安门加入国徽"作为国徽设计的硬性要求。因此,林徽因在设计第二版国徽时,便将第一版国徽中原本放大五角星的位置改为了天安门,将国旗上的一大四小总共五颗五角星放在了天安门的上空,然后适当地调整了天安门和五角星的比例,将这一方案提交了筹委会。

1950年6月23日,全国政协一届二次会议召开。在会上,与会者一致通过了清华组设计的国徽。一时间,雷鸣般的掌声久久没有停歇。林徽因坐在座位上紧握双拳,热泪盈眶。在她的生命里,没有什么比得到国家的认可更令她激动的事了。

其实在手术之后,林徽因的身体情况虽有了好转,但病根一直没有被消除。或许在很多人看来,虚弱的林徽因就应该放下手头所有的工作,寻一处山清水秀的静谧之处安心静养,这样她的身体状况才会逐渐好转。然而,林徽因却不那么想,她十分清楚自己的身体状况,因此异常珍惜自己活着的日子,仿佛所有的时间都是从死神手里抢来的一般。她选择了继续前行,只希望能够用有限的时间尽可能地去做更多有意义的事情。

同样在这一年,梁思成受到党中央的委托,担任北京市都市计划委员会副主任,成立了研究小组,具体研究北京城的规划问题,林徽因则被任命为北京市都市计划委员会委员兼工程师。在这种情况下,林徽因的家又热闹起来了。

林徽因几乎每天都要与从外地调来的青年建筑家们商讨、研究问题,并持续到深夜。对于年轻人来说,这或许算不上什么,但是对于林徽因来说,高强度的工作使她刚刚有所好转的病况再度恶化。可尽管这样,她仍然不肯停下自己的脚步。

1952年,梁思成和雕塑家刘开渠主持人民英雄纪念碑的设计工作。参加设计工作的林徽因,被任命为人民英雄纪念碑建筑委员会委员,此时她已病得不能起床了。

这些日子里,清华园中每天都有梁思成忙碌的身影,他的生活节奏一下子变得有规可循起来。而病床上的林徽因也很少休息,她主要承担的是纪念碑须弥座装饰浮雕的设计,从总平面规划到装饰图案纹样,她一张一张认真推敲,反复研究,力求最佳。

在设计风格上,她的艺术天赋再一次得到了发挥,她说:"盛唐文化是中国历史上的华彩乐段,显示着时代风貌和社会形态。'霓为衣兮风为马,云之君兮纷纷而来下。虎鼓瑟兮鸾回车,仙之人兮列为麻。'这是何等气派!任何艺术从气势和风度讲,显然应该和社会时代相一致。秦汉雕塑以阳刚之美为主,体现了积极进取的生命力量,而唐代雕塑则刚柔并济,同时吸收了南朝文化的精致、细腻、华美的自然灵气。秦汉雕塑在空间造型上讲究体积的庞大,气势的充沛,以大为美,以充实为美,而唐代雕塑则是浑厚中有灵巧,粗犷中有妩媚,豪放中有细腻,凝重中有轻盈。秦汉雕塑表现为物质世界的扩张和征服,唐代雕塑同时还将这种扩张和征服与内心世界的刻画相统一。唐代雕塑代表着完满、和谐,在'比德'和'畅神'方面都做出了努力,基本上完成了中国古代文化艺术的结构体系。这些正是我们要借鉴的。唐代艺术具有与欧洲文艺复兴类似的人文主义特点，能更好地表达人民对英雄的歌颂与怀念。"

经过两个月的时间，到1952年，全国优秀的建筑师和专家们共设计了一百多种图案，经有关方面通过各种方式征求各界人士的意见，归纳、修正成最后的图样，最后选定了以橄榄枝为主体的花环设计。又经过多次商讨、比照，最后经全国广泛讨论，确定了碑型。

为了让林徽因能在忙碌中得到休息，梁思成经常和林徽因一起到海王村古文化市场逛一逛。有一次，林徽因在琳琅满目的古玩中轻轻一瞥，一只景泰蓝花瓶闯入了视野，她的目光再也无法移开。

林徽因的大脑似触电一般，不由得想起小时候在爷爷家中见到的那只花瓶，记忆十分清晰，她可以肯定，这两只花瓶的确一模一样！

林徽因放慢了脚步，一步步朝着那个花瓶走去，轻轻地俯身，伸出手去触摸那蜿蜒的花纹，欣赏着瓶身上那掐丝鎏金的美。

看着她这副痴迷的样子，梁思成自然二话不说便买下了它。摊主边包装边感叹道："二位真是好眼力，像这种上好的货色，在别处你们只怕是再也寻不到了！物是人非啊，想当年如此流行的景泰蓝，现在连'老天利'这家老字号的大厂子也要撑不住了，景泰蓝这门手艺就靠着一些老匠人的执着在勉强维持着，可他们毕竟也还是要生活的，也不知道这门手艺还能撑多久，恐怕最后落得个绝根儿的下场也说不定啊！"说完，摊主忍不住摇了摇头。

摊主的一番话深深地刺痛了林徽因的心。一路上，她盯着那个花瓶沉默不语，回到家，又望着那个花瓶发呆。几百年的传承，这样有魅力的艺术，怎么能就此失传呢？这对于后世的子子孙孙是多么大的遗憾！对于国家又是多么大的损失啊！

想到此，林徽因默默地下定决心，一定要用自己有限的时间和全部的力量，为这门濒临消失的艺术做些什么，哪怕不会成功，也要为此努力试一下。

林徽因将内心的想法告诉了梁思成，得到了他的支持。为了抢救景泰蓝工艺，他们一起查阅了大量有关景泰蓝的资料。经过多次讨论后，他们牵头在清华大学营建系成立了一个工艺美术教研组。由于小组成员多为年轻人，对景泰蓝并不太了解，于是，林徽因便不厌其烦将自己所知道的，以及所查阅到的景泰蓝的资料一一解释给他们听，带领他们一次次地深入景泰蓝的工艺作坊，对这些作坊面临危机的原因进行了大规模的调研。

功夫不负有心人，最终，他们发现，这些作坊之所以不景气，除了生产模式过于单一，还因为缺少创新，对市场不够了解,不能迎合消费者的"胃口"。为了解决这些问题,林徽因和梁思成带领组员们亲自为景泰蓝设计纹样以及图案,将现代的图样融入传统的烧制工艺中,推陈出新,使得景泰蓝工艺得以与时俱进,重新散发出它的光彩。

景泰蓝艺术得到了新生,林徽因的身体却每况愈下,直至起不来床。对此,那些受教于林徽因的老师傅非常心疼她。看到林徽因躺在病床上,却仍心系着景泰蓝工艺的传承,老师傅们纷纷主动将成品带到她的家里给她看,在听取她的意见之后再进行修改,修改后再拿来给她看……

这年春天,林徽因在机缘巧合下得知了常书鸿在故宫午门城楼上举办敦煌艺术展的消息。林徽因立刻组织大家前往观摩和学习。在她看来,景泰蓝作为民族艺术,总要体现出它的民族特色。敦煌艺术是华夏艺术巅峰的代表之一,幸运的话,或许他们可以从中找到一些灵感。

在展览会场,他们被美轮美奂的壁画深深吸引着。尤其是飞天壁画,以特有的灵动和秀丽,在一行人的心里留下了极为深刻的印象。

"既然这幅'飞天'能同时吸引我们这么多人的眼球,那么,我们能不能将它与景泰蓝结合起来呢?"林徽因心中一直琢磨着这个问题。于是,在小组成员莫宗江的帮助下,他们绘制出了飞天的图案,并马上交给了景泰蓝的制作工厂。

很快，在林徽因等人的悉心指导下，他们生产出了一套以飞天为主题的景泰蓝工艺品。当时，北京正在召开"亚洲及太平洋区域和平会议"，这批极具敦煌风情的景泰蓝工艺品便被当作礼物送给了苏联文化代表团。当苏联著名芭蕾舞演员乌兰诺娃看到这份礼物时，她激动地说道："这是代表新中国的礼品，真是美极了！"

在第二次全国文代会上，林徽因和清华小组挽救景泰蓝的工作成就，被写在了美术家协会的报告上，并得到了充分的肯定及高度评价。

就这样，景泰蓝艺术不仅起死回生，还一步步走出了国门。与此同时，林徽因的生命也进入了倒计时。每至寒冬，她的病情就会变得更加严重，药物已经起不到太大的作用。她的肺布满了空洞，她还被切除了一侧的肾。林徽因一天吃不了二两饭，睡眠不到四五个小时。此时，就算是一场小小的感冒，都能够轻而易举地夺走她美丽的生命。

几度病弱的林徽因却从未停止过写作，她与梁思成共同翻译了《苏联卫国战争被毁地区之重建》一书，此书为新中国的建设提供了重要借鉴。她还应《新观察》之邀，写成了《故宫》《中山堂》《北海公园》《天坛》《颐和园》《雍和宫》等介绍我国古建筑的文章。1953年，林徽因当选为建筑学会理事，并担任《建筑学报》编委。

1954年，林徽因被选为北京市人民代表大会代表。这一年秋天，林徽因的身体被一场冷风彻底地吹垮了。不久，她因病情恶化住进了同仁医院。不幸的是，梁思成也因染上肺结核住进了林徽因隔壁的病房。

1955年，林徽因因病情恶化再次被送进了同仁医院进行治疗。同年4月1日6时20分，疲惫的林徽因永远地闭上了眼睛，享年51岁。

这一次，她终于能好好歇歇了。

这个世界带给她很多苦难，但是在离开的那一刻，她依旧很不舍，因为这里还有她深深爱着的人。

林徽因的一生，如梦，绽放美好，令人沉醉；如花，绚烂多姿，予人馨香；如诗，温柔隽永，清丽淡然。

虽然她过早地离开了这个世界，但她在这短暂的一生里，活得认真又恣意。终其一生，她都在做着自己热爱的事，建筑、文学、艺术……不曾浪费一分一秒。

她的墓碑，竖立在八宝山革命公墓。她与梁思成早前有过约定：谁先死了，活着的那个就负责设计墓碑。我们无法想象，梁思成怀着怎样的悲痛画下了那一张图纸。或许，每一笔，都是他隔世的思念，每一画，都是他不舍的心痛。

最终，梁思成在墓碑上保留了汉白玉浮雕花卉的图案，那是林徽因生前所设计的。他刻下了"建筑师林徽因墓"几个字。一生的爱恋，从此沉睡在那里。

1955年4月3日，林徽因的追悼会在贤良寺举行。金岳霖与邓以蛰送的一副挽联，堪称对她生命最好的概括：

一身诗意千寻瀑，万古人间四月天。

追悼会结束后，梁思成独自面对空荡荡的房间，沉默了许久。他擦去泪水站起身来，去翻找林徽因生前的诗作，伏案一遍一遍地抄写。那颤抖的笔尖，诉说着他的哀思。

同样心碎的还有金岳霖，他辛苦地维持着一个成年人的理性，过着波澜不惊的日子。直到有一天那根细细的线忽然断了，他怔怔地坐在那里，说了一句"徽因走了"，而后伏案号啕大哭，哭得像个孩子。

林徽因去世多年后的一天，金岳霖在北京饭店请了一次客，受到邀请的都是一些故交旧好。宴席当天众人都有疑惑，问及金岳霖为何要宴请时，他才缓缓开口："今天是林徽因的生日。"

金岳霖在耄耋之年，当看见有人拿出一张他未曾见过的林徽因小影时，仍会刹那哽咽，他双手紧紧捏着照片，注视良久，而后祈求般对那个人说："给我吧。"

多年后，林徽因的文集再版，有人找到金岳霖，请老人家过目并为文集写点寄语。金岳霖将那本样书拿在手里，如获至宝般反复摩挲、爱不释手。

来人等了半晌,金岳霖才一字一顿地说起:"我所有的话,都应该同她自己谈,我不能说。"他的神情愈发庄重:"我没有机会同她自己说的话,我不愿意说,也不愿意有这种话。"

语毕,金岳霖便闭上眼睛,彻底沉默了。至于他对她的感情,从生至死永远慎重、永远克制。金岳霖终身未娶,并在死后与林徽因葬在了同一处公墓,他又像生前那般做回了她的近邻。

往事已逝,无尽烟波随光阴流走。故事已经画上了句号,这个世界依旧对她充满了不舍。

我们应当记住,曾有这样一位如诗如画的弱女子,以苦行僧一般惊人的毅力,为中国的建筑和艺术发展,建立了足以彪炳千古的伟大功勋。

她,有一个充满诗意的名字,林徽因。

后记
POSTSCRIPT

她是温柔的小女子,从人间四月天中走出来,骨子里绽放着诗意与浪漫。

她也是坚韧的建筑家,在时代风雨中跋涉,眼神里写满了不卑不亢。

她会精心装扮自己,在太太的客厅中优雅地侃侃而谈;也会义正词严,在日寇来袭时铿锵有力地抛出一句:"中国念书人总还有一条后路嘛,我们家门口不就是扬子江吗?"

在林徽因短暂的一生中,有柔情,也有铠甲,兼具美貌、智慧与才情。就连陆小曼也曾评价说:"自己可爱而不可敬,林徽因可爱又可敬。"

她在建筑学上造诣颇深,教学时,是循循善诱的老师,负责又认真;搞调研时,是能攀爬能吃苦的学者,奔波劳碌,任劳任怨;在家庭里,料理家事也是亲力亲为,所有的艰难生活都被她温和地化作细雨春风,让全家人平安喜乐。

纵观林徽因的一生,我们钦佩她的学者气度、勇者风范,更赞叹她的努力与不矫揉造作。

历史终会证明,她的名存千古,是因为诗文的魂,建筑的魄。她的美,是因为宽大的胸襟与格局。

生死之间,最有价值的莫过于恣意畅快地活过。

她生如夏花,能含苞待放于谷底,也能傲然绽放在山头。

她的一生,丰盛至极,浪漫至极。

图书在版编目（CIP）数据

刹那芳华，念念不忘：林徽因传 / 朱云乔著. —成都：天地出版社，2022.1
ISBN 978-7-5455-6685-7

Ⅰ. ①刹… Ⅱ. ①朱… Ⅲ. ①林徽因（1904—1955）—传记 Ⅳ. ①K826.16

中国版本图书馆CIP数据核字（2021）第229988号

CHANA FANGHUA, NIANNIAN BUWANG: LIN HUIYIN ZHUAN
刹那芳华，念念不忘：林徽因传

出 品 人	杨　政
作　　者	朱云乔
责任编辑	孟令爽
封面设计	挺有文化
内文排版	麦莫瑞
责任印制	王学锋
出版发行	天地出版社 （成都市槐树街2号 邮政编码：610014） （北京市方庄芳群园3区3号 邮政编码：100078）
网　　址	http://www.tiandiph.com
电子邮箱	tianditg@163.com
经　　销	新华文轩出版传媒股份有限公司
印　　刷	天津文林印务有限公司
版　　次	2022年1月第1版
印　　次	2022年1月第1次印刷
开　　本	880mm×1230mm 1/32
印　　张	7.5
字　　数	167千字
定　　价	45.00元
书　　号	ISBN 978-7-5455-6685-7

版权所有◆违者必究
咨询电话：（028）87734639（总编室）
购书热线：（010）67693207（营销中心）

如有印装错误，请与本社联系调换。